开公司，事先不规避风险，你的公司早晚要完蛋

办企业，事先不防亏防损，你的企业早晚要倒闭

公司失败研究

公司亏损倒闭是怎么造成的

张荣杰◎编著

中国致公出版社

图书在版编目（CIP）数据

公司失败研究 / 张荣杰编著. –– 北京：中国致公
出版社，2020
ISBN 978–7–5145–1450–6

Ⅰ.①公… Ⅱ.①张… Ⅲ.①公司—企业管理—研究
Ⅳ.①F276.6

中国版本图书馆 CIP 数据核字(2019)第 195440 号

公司失败研究　　张荣杰 编著

出　　版	中国致公出版社	
	（北京市朝阳区八里庄西里 100 号住邦 2000 大厦 1 号楼西区 21 层）	
发　　行	中国致公出版社（010–66121708）	
责任编辑	王福振	
印　　制	三河市天润建兴印务有限公司	
版　　次	2020 年 9 月第 1 版	
印　　次	2020 年 9 月第 1 次印刷	
开　　本	880mm × 1230 毫米　　1/32	
印　　张	7.5	
字　　数	182 千字	
书　　号	ISBN 978–7–5145–1450–6	
定　　价	48.00 元	

序　言

荷兰皇家壳牌石油公司的一项研究表明：跨国公司的平均生命周期为 40 至 50 年，在欧洲和日本，公司的平均生命周期为 12.5 年，而中国公司则更短，为 3 至 5 年。

2005 年 7 月 1 日公布的首部《中国民营企业发展报告》蓝皮书显示：20 年来，中国每年新诞生的企业接近 15 万家，60% 的民营企业在 5 年内破产，85% 民营的企业在 10 年内死亡。

面对如此残酷的事实，太阳微公司（Sun Microsystem）董事长麦克尼利说："要么被吃，要么吃人。"华为总裁任正非感叹："十年来我天天思考的都是失败，对成功视而不见，也没有什么荣誉感、自豪感，而是危机感。"

英国危机管理专家迈克尔·里杰斯特说："预防是解决危机的最好方法，减少亏损的机会就是增加利润。"

为什么会有那么多企业"英年早逝"或"幼年夭折"？其失败的原因究竟有哪些？如何破解？怎样才能使企业"活得长""长得大""走得远"？

每天都有无数人在尝试注定要失败的生意，商业演化的过程也是通过大量的赔钱和淘汰优选出适应的企业。问题是，赔钱之后不能白交学费，要搞清楚自己的公司为什么亏了。

成功的公司都是一样的，失败的公司却各有各的原因。无论是公司老板、经理人，还是创业者、中层骨干，都必须在工作中避免常识性的亏损陷阱，以免飞蛾扑火。

经营公司是一项充满风险和挑战的事业。在日常管理中，事事如意、样样顺心的情况是罕见的。事实上，逆境多于顺境，失败、挫折、打击和危机常常伴随着公司的成长。

赚钱之前，先想到如何不赔钱。诱惑很大、风险也很大的时候，能够毫不犹豫地立即收手，就已经很了不起了。想要增加更多胜算，不要忘了最根本的一点是"防亏减损"，也就是减少失败的因素和机会。

本书融深刻的理论与切实可行的操作方案于一体，是防止公司亏损倒闭的宝典。它将告诉你：当公司处于顺境时，如何保持警惕，学会居安思危；当公司陷入困境时，如何转亏为盈，起死回生。

目　录

第一章
商业模式：是赔是赚，商业模式说了算

第二章

防损管理：构建防损理念，提高公司利润

第三章

提升品质：没有品质的企业无法屹立长久

第四章

决策正确：决策失误是公司最大的损失

第五章

变革求生：在创造性破坏中扭亏为盈

第六章

思危不败：多思考失败，把损失挡在门外

第七章

善用激励：把防亏和绩效挂钩

第八章

执行到位：高效执行是防亏减损的妙药

第九章

减少库存:别让公司被库存积压拖垮

第十章

财务安全：防止公司因资金链断裂而倒闭

第十一章

反败为胜：面对亏损，积累止损经验

第一章

商业模式：
是赔是赚，商业模式说了算

　　一个公司的商业模式一旦落后，往往会造成灾难性的后果。所以，一定要适时审视当下最先进的生产方式，寻找最佳的经营模式。

　　通常来说，你的竞争优势越小，面对的竞争强度越大，那么利润会越少，亏本的可能性就越高。选对适合自己的商业模式，是拒绝亏损的第一步。

(一) 你的公司为什么赔钱

　　每天都有无数人在尝试注定要失败的生意，商业演化的过程也是通过大量的赔钱和淘汰优选出适应的企业。问题是，赔钱之后不能白交学费，你要搞清楚自己的公司为什么亏了。

　　想赚钱就要先知道企业为何会亏损，这是成功的第一步。任何一门新的生意、一个新的部门，必须避免常识性的亏损陷阱，以免飞蛾扑火。每一个做生意的人都应该认真学习一下，看看通常哪些情况注定会亏损。

1. 没有需求

　　1998 年 11 月，号称"在珠穆朗玛峰峰顶也能保持通信"的铱星通信系统闪亮登场，耗资 57 亿美元、66 颗近地卫星覆盖全球的阵容令世人瞩目。可是，它 3500 美元的通信终端设备、每分钟 7 至 9 美元的话费，让普通消费者望而却步。

　　一年后，铱星公司因为客户不足，资不抵债，只好宣布破产。摩托罗拉研发铱星通信系统定位于高端商务人士，本以为有市场需求，实际上却没有，这是它赔本的根本原因。如果这门生意放在2020年，结果则未可知。

很多小公司也有"好"的产品、"好"的创意，但是东西就是卖不出去，最后只能赔钱。说到底，是它们的商业模式存在问题，也就是产品或服务缺乏有效需求。因此，亏损甚至是破产就成了必然。

开公司，当老板，进行市场经济的博弈，必须遵循商业规律。你的产品或服务有足够的市场需求，模式不能落后，也不能太超前才能投资，否则只会让你的资金打水漂。

【防亏妙计】 那些产品没有市场的公司，一定要迅速转型。技术先进和创新只是为盈利提供了可能性，只有生产的产品有市场、有需求，才能真正赚钱。

2. 面对竞争无能为力

有时候，你的产品或服务虽然有需求，但是缺乏有效的竞争手段，结果照样赔钱。这种情形，存在着怎样的商业逻辑呢？

从某种角度看，利润取决于竞争壁垒，壁垒越低，利润也就越低。而影响竞争壁垒的因素有两个：竞争优势和竞争强度。通常，你的竞争优势越大，利润就会越高；你面对的竞争强度越小，利润也会越高。

一些老板之所以会亏本，是因为他们缺乏竞争优势，并且面对同行业高强度的竞争对手，感觉力不从心，甚至无能为力。一旦出现这种情形，就容易亏本。

如何更好地面对竞争呢？

1）寻找竞争优势

每个公司只能在某一领域、某一行业形成优势，不可能在多个方向、多个方面都有竞争力。而且，中小公司往往难以形成规模性的生产和销售，难有较强的研究开发能力，其质量、技术、信誉及市场营销一般都不及大型公司，无法形成成本领先战略和产品差别战略所要求的经营优势。

所以，明智的中小公司就要善于"并兵相敌"，坚持"有所不为，而后可以有为"的原则，运用市场聚焦策略，扬长避短，把有限的资源、资金、力量集中到能够形成自身优势的领域和目标上来，或者谋求成本领先地位，或者争取产品差别优势，如有可能，两者兼而有之。

2）降低竞争强度

两个物种利用相同的有限资源时，便会发生种间竞争。两个物种越相似，它们要求的共同生态就越多，竞争也越激烈。无差异的竞争，意味着大家争夺完全相同的顾客和市场资源，竞争程度会相当激烈。

相较于无差异竞争，差异化竞争策略的目的是使消费者感受到企业产品和服务优于同行提供的同类产品和服务。所以降低竞争强度，就要选择差异性较大的项目。

【防亏妙计】　无差异竞争是利润减少的重要原因。那么如何竞争？有什么竞争优势？在做任何生意、构思任何新的方案前，必须首先问这几个基本的问题。

3. 只关注产品的"实际价值"

今天，人们花钱购买的东西，其"实际价值"在价格中所占的比重越来越小。企业如果把提供实际价值作为投资指向，极有可能无法获得订单，甚至赔钱。

比如，手表的核心功能是计时，10元钱就可以买一块计时准确、功能丰富的电子手表。而一块普通的瑞士品牌手表价格却在1000元以上。显然，人们购买瑞士手表并不只是为了计时这一个目的，而更多是为了展示个人风格和独特品位。

以前，只要提供消费者必需的东西就可以赚钱。而今天，若只关注产品的实际价值已经不再能赚钱了，企业必须提供附加在产品上"难以琢磨"的价值，才能使消费者掏出更多的钱。

产品核心功能价值的丧失，使得以下情况容易赔钱。

在竞争激烈的市场中，那些仅提供核心功能的产品只能以产品的边际成本销售。

厂商对于产品核心功能以外的部分难以把握，变得无所适从。

消费者在产品"有用"的部分上只支付很少的钱。

中国企业大多数具备制造产品核心功能的能力，但由于缺乏理解、制定和操作规则的能力，所以只能拿到产品核心功能部分的价格。全球化时代来临，如果你在产业链上只生产产品的"实际的价值"，无法抓住更值钱的附加利润，必然会走向亏损的边缘。

【防亏妙计】 在产品极其丰富的今天，单纯面向消费需求的核心功能利润微薄。仅提供实际价值会越来越远离商业的本质，老板只有扭转这一趋势，才能赚钱，否则必亏无疑。

4. 败在混乱的成本上

一个新创立的品牌、一个新开办的企业，之所以极其容易失败，其中一个重要原因是没有一个较好的办法来消化固定投入。不清楚成本的构成，是企业造成亏损的一个最重要原因。

1）无法掌控直接成本

老板创业之初或投资新的行业时，特别容易赔钱。因为，他们对所经营企业的直接成本和收益都不是很清楚，只能在摸索中积累经验、总结教训。亏本，不能完全归结于运气不好，更多原因是不具备对直接成本的掌控力。

2）非业务成本投入过多

美国在越南战争中投入的人员有 80% 负责后勤方面的工作，只有 20% 的人员在前线作战，所以，尽管他们投入的金钱和兵力很多，但实际的作战能力并不强。企业也是这样，如果能够把很大比重的力量用于确实能给公司带来利润的业务，那么有很大可能会取得不错的经营业绩。但现实情况是，人们并不清楚公司哪些投入可以带来收益，哪些投入毫无价值，结果无形中导致非业务成本投入过多，增加了亏损的风险。

【防亏妙计】 直接成本容易计算，不同行为产生的成本却难以估计。所以，有经验的老板在那些成熟度高的行业里投资，发生亏损的可能性要小于在新兴的领域里投资，因为这些行业里的成本和价值较容易被直接计算和衡量。

5. 建立了过剩的生产力

有一个经营品牌鞋的老板，以比较低的折扣从厂商拿货，在销售时维持高利润率。开始，他取得了不错的经济效益。后来，这个老板在销售中发现，如果鞋的花色品种多、号码齐全，就能销售更多。于是，他开始加大进货量，期望卖得更多一些。

但是，与此有关的另外一个现象则是不太容易被发现的——鞋是一种容易过时的产品，一旦某种款式过时了，即使以很低的价格仍然难以销售。结果，到了第二年，这个老板的仓库里堆满了卖不出去的鞋子。该赚的钱没有赚到，还没有等到掌握经验的那一天，鞋店已关门。这个老板的教训不可谓不深刻。

一位久在商场打拼的老板说："领导一个处于夕阳行业的公司是困难的，但是精明地管理一个处于高速增长阶段的行业的公司更加困难。你总是被引诱去建立过剩的生产力，增加基础设施、人手及许多固定的费用。当增长之势消退以后，你的大量资源被套在无利润区，留给自己的只是一片亏损。"

【防亏妙计】 过剩的生产力，不但占用大量资源，还会从根本上增加公司的成本，让亏损的概率增加。因此，在成长的道路上一定要循序渐进，根据自己的实力作出理性选择。

6. "做比不做强"的心理害死人

在商业活动中，许多老板都有这样一种心理：反正已经投入了，赚点儿是点儿，先做着，不做更赔。殊不知，"做比不做强"这种心理，往往会导致巨大的亏损，它是所有企业赔钱的一个最主要的原因。

举个例子，你走进一家饭馆，发现偌大的饭馆只有一两桌客人。换作任何一个人都会感觉奇怪，这个注定赔钱的饭馆为什么还要经营呢？

这家饭馆老板之所以继续开，就是"做比不做强"的心理在作祟。在这种情况下投资、办企业，怎么能不亏损呢？

过分理性使企业亏损，直至被淘汰，盲目又使人们不断地前赴后继，亏损就不断地发生。那么，如何避免这种情况的发生呢？答案是用活"迅速放弃"战略。

1）在行业衰退的初期进行

这种战略是基于这样一个前提，即公司在衰退的初期早就把其营业单位卖掉，还能够最大限度回收净投资额。

2）考虑将公司的资产转售给竞争对手

迅速放弃战略会迫使公司面临诸如形象及相互关系之类的退出障碍，公司可以将产品出售给竞争对手，以便缓解其中的某些问题。

【防亏妙计】 刚投入的时候不赚钱，很多人会说："这只不过是先赔后赚。"问题是，先赔后赚的少之又少，而先赔然后一赔再赔的却大有人在。因为企业当前的所作所为并没有为今后的盈利打下基础，很少有人知道当前商业行为的后续价值。所以，请牢记：一次理智撤退，和一次伟大的胜利一样重要。

7. 因经验不足陷入劣势

商业活动更多的是一种实践，老板管理好公司也离不开日积月累的实践和体悟。那些赔钱的公司，往往因经验不足而陷入劣势，很难获取利润。通常这种情形主要有以下几种。

对经营项目、产品质量和市场运作等缺乏足够的专业知识，外行管内行。

对生产运行、流程和管理没有经验，无法把控公司的生产效率和进度。

没有市场经验，对市场判断不准确导致决策失误。

公司内部管理漏洞多，尤其是缺乏必要的财务及管理知识和经验。

缺乏做生意必需的处理人际关系的经验、公关和人际交往能力。

缺乏处理危机的经验，面对危机惊慌失措，毫无头绪，以致雪上加霜。

【防亏妙计】　依靠经验，可以在充满陷阱与风险的市场上获得稳健发展，并度过许多大风大浪。因此，当经验不足的时候，一定要虚心请教他人，并注意在实践中总结经验教训，由青涩走向成熟。

8. 走进一味追求做大的误区

快速成长是许多公司老板的理想，"跨越式发展""扩张""规模""多元化"成为他们的口头禅。但是，一口吃个胖子往往很难实现。于是我们看到，有的公司一开始很风光，可是几年后就因为盲目追求做大而陷入困境。

一味追求做大，容易出现以下几个方面的问题。

1）不能建立有竞争优势的业务，很难为公司增加价值

老板必须明确这样一点，多元化只是发展的手段，最终的目标是获取利润。因此，追求做大不是终极目标，更不能成为决策的依据，必须权衡"做大"能否给公司带来收益。

2）缺乏科学合理的管理控制系统，"做大"只会失去控制

执行多元化的做大策略，容易使公司的发展速度过快，如果缺乏相应的控制系统，公司就很容易陷入急功近利的漩涡，使多元化扩张变成盲目扩张，最终走向失败。一些盲目追求做大的公司管理者遭遇失败后承认，在面对众多机遇的时候，公司有点贪多求快，以致对宏观环境的变化预见不足。特别是当公司内部利益发生矛盾、理念不一致的时候，很容易出现各自为政的局面，公司缺乏统一的调配和指挥，老板非常容易失去对公司的控制权。

3）单纯追求做大容易带来资金链断裂的危险

许多公司发生倒闭的直接原因就是没有平衡好短、中、长期资

金计划及其战略资源的储备，而这与公司领导人追求"做大"有很大关系。盲目追求做大，就容易使公司面临经营风险，出现"大而不强"的局面。最危险的是，把"战线"拉得过长，会给公司带来巨大的资金压力，甚至发生资金链断裂的危险。

【防亏妙计】　市场是吃人的老虎，先把公司做强，充分保证产品和服务的竞争力，才能让公司生存下来，才有可能继续发展下去。单纯追求做大，明知山有虎偏向虎山行，结果就会亏损，甚至破产。

9. 决定行业盈利的五种力量

做生意没有从来不赔钱的，所谓胜败乃兵家常事。不过，赔钱之后，一定要有妥当的处置办法，要迅速扭亏为盈或者放弃才行。如果你想继续在这个项目上做下去，那么一定要清楚决定行业盈利的因素有哪些。

在任何行业里，无论是在国内还是在国外，无论是生产一种产品还是提供一项服务，能否盈利，都受以下五种因素的制约。

新竞争者的进入。

替代品的威胁。

买方讨价还价的能力。

借方讨价还价的能力。

现有竞争者之间的竞争。

这五种力量决定了行业的盈利能力，因为它们影响了行业内的价格、成本和公司所需要的投资。因此，当你的公司陷入亏损状态时，一定要考虑上面的因素，迅速给自己找到一条出路。

此外，老板用行业结构分析法选择一个行业或者制订战略时，必须考虑以上五个方面的因素，从一开始就做出正确的决策，朝着盈利的目标而去。

【防亏妙计】　赚钱、赔钱，都有内在的原因。想避免亏损，在投资之初就应该找到决定盈利的因素是什么，并朝着这些方面努力。

（二）　选对模式，小项目也能赚大钱

任何单独的要素都不是可靠的利润来源，将企业内部要素和外部要素有机结合起来的方法才是比较可靠的盈利要素。这个要素并不是管理，而是商业模式。

好的商业模式会带来丰厚的利润。因为企业根据自身情况和周边复杂的商业环境所形成的独特商业模式不容易被复制，不容易陷入竞争的泥沼，也就避免了亏损的可能。

1. 选对路子

投资也好，开公司也好，选对路子最重要。做决定之前，一定要做大量的准备工作，选对项目或产业。然后，还要建立全局观念，并遵循以下几个方针。

制订一套适合自己实际情况的策略，千万不能闭着眼睛乱点鸳鸯谱。尽量提高成功的概率，这比什么都重要。

定期检查并调整投资项目，不能一条道走到黑，要随机应变，顺风行船。在执行过程中，一定要灵活经营。

能花些时间去调查研究，如调查市场行情走势，了解最新信息，掌握他人心理。要做好记录分析，不可以坐以待毙，守株待兔绝不是一个成功老板的态度。

经营分析尽可能做到客观公正，在考虑各种影响因素时保持头脑冷静，切不可意气用事，更不能把赌博的心态带入商业活动中去。

【防亏妙计】　选择正确，才能做对事情。一开始就选错了，再怎么努力也会南辕北辙。选择适合自己的商业模式，一定要多研究、多考察，并在实践中进行修正。

2. 让顾客重复买单

运用好产品生命周期，可以让顾客重复买单，从而实现利润倍增。生命周期管理模式能否成功，主要取决于以下三个因素。

1）厂商因素

有效地管理产品生命周期已经成为一种非常重要的商业模式，尤其是在一些需要比较大的研发投入的领域，产品生命周期的管理更加重要。

2）竞争的力量

主导型或者垄断型厂商在管理产品生命周期时，总是脉络清晰，显得非常从容。但是绝大多数中小企业是要在竞争的环境中管理产品的生命周期的，那么就很有可能因为摸不清或忽视产品生命周期规律而被淘汰。

3）生命周期管理

生命周期管理的全部学问在于步调，任何一种产品的更新换代和演化都有其特有的规律，如果公司对产品生命周期缺乏预判，成为后知后觉者，最终也会失败。

【防亏妙计】 产品生命周期管理模式被广泛地应用于生产、销售等环节及各个领域，从消费品到工业品，从服务到娱乐。把握好时机，不断地吸引、取悦目标顾客的眼球，让顾客重复埋单，利润自然节节攀升。

3. 轻资产商业模式

轻资产商业模式是麦肯锡公司特别推崇的一种商业模式，也是可口可乐、沃尔玛、苹果等无数优秀企业正在运用的一种商业模式。要想运用好这种模式，首先就必须弄明白三个问题。

1）什么是轻资产商业模式

简单来说，轻资产商业模式就是甩掉庞大的、笨重的制造业务，专注于销售、产品品质监控和品牌建设，靠终端业务的拉动来促进企业及整个行业的发展。

2）轻资产商业模式的核心竞争力是什么

轻资产商业模式的核心竞争力不在于品牌的优势，当然有品牌的优势更好，像耐克、可口可乐、肯德基等企业一样，只要输出品牌即可。轻资产商业模式的核心竞争力在于资源的快速整合和市场反应速度。

3）轻资产商业模式的修正

轻资产的运作模式，不是一成不变的模式，没有一种模式可以通吃天下，必须在产业链的不同环节进行创新，在品牌塑造的方式上进行创新，在客户对象上进行创新。在采用该模式的时候，还要以认清市场形势、客户的变化等这些基本因素为前提。

【防亏妙计】　企业运用轻资产商业模式，既可以保持生产上的灵活性，又可以在无须动用巨额资金自建工厂的前提下扩充生产能力，同时还可以减少存货囤积，降低原材料及制成品价格的波动风险。

4. 重视"转移模式"

与其他模式相比，转移模式不是一种原创的商业模式，而是一种成熟商业模式的迁移。所以，相对于其他商业模式，转移模式更容易实施。

就转移模式而言，尽管东南亚国家的用工成本较低，但目前中国依然是转移模式的接收国。

所以，对于投资者来说，中国给转移国家的企业创造了更多的投资机会。在外企纷纷投资中国市场的时候，国内的企业反而缺乏投资机会。转移模式比较明显地分为两个阶段。

转移模式的第一步，跨国企业通过在海外开设分支机构、合资企业，把它们认为更节省成本或者更利于市场拓展的部分转移到其他国家。这种转移通常具有比较明显的优势和可行性，一切指标基本上可以通过精确的财务测算得到。

转移模式的第二步，就是被转移地本土企业的学习过程，如果一种商业形态的全部模式比较单纯地依赖于地理上的转移，往往能为本土企业提供很多机会。

【防亏妙计】　商业中的利润有很多是在动态中产生的，转移模式就是获得这种动态利润的方式，而及时抓住行业中取得利润的关键点是转移模式中最重要的。假如你有眼光却缺乏资源，这是一个发财的好方式。

5. 从垃圾里面淘金子

从垃圾里面淘金子，是一种独特的经营模式，也就是在别人想不到的地方赚钱。对于那些精明的商家来说，什么都可以干，而且都能干好。哪怕是垃圾，他们也能从中淘到金子。

1）从市场的边边角角捕捉商机

边边角角往往易被别人认为是做不得的生意，或是不屑做的生意，然而这种生意往往隐藏着极大的机会。因为没有人跟你竞争，所以做起来就稳如泰山，钞票就会滚滚而来。重要的是，要捕捉住机会。

2）从市场供求差异中捕捉商机

在市场经济条件下，市场供求是有一定差异的，这些差异就是商机。当市场供不应求时，供求之间的差异便是企业的商机。

3）从市场竞争对手产品的缺陷中捕捉商机

研究竞争对手，从中找出其产品的弱点及营销的薄弱环节，也是公司捕捉商机的有效方法之一。

4）从市场的潜在需求中寻找商机

一般讲，市场需求具有梯度递升的规律性。因此，创业者应具有超前的意识，去预测市场的潜在需求，捕捉发展的商机，拓宽新的市场。

【防亏妙计】 三百六十行，行行出状元。哪一行做好了都会赚钱，都有商机。只要你树立了从"垃圾里淘出金子"这种商业理念，拥有一双能洞察商机的慧眼，就能在他人意想不到的地方赚得盆满钵溢。

6. 什么生意都可以做

商业模式没有固定的章法，关键是一定要赚钱。否则，即使有再华丽的商业理念包装，你的模式却赔钱，那也是无济于事的。

因此，优秀商人的商业思想非常自由，丝毫不受世俗观念的约束。在他们的眼里，只要不违法，把握好以下四点，就什么生意都可以做，什么钱都可以赚。

1）什么生意都可以做，但要看是谁在做

做生意首先要有坚持到底、做到最好的恒心，否则就别投资。

2）什么生意都可以做，但看你跟谁做

做生意肯定要和特定的人发生业务往来关系，所以选择合作对象非常重要。

3）什么生意都可以做，看你什么时候开始做

任何的产品进入市场都会有导入期、培育期、成熟期、高潮期和衰退期。通常，进入的最佳时间是培育期，如果到高潮期和衰退期才开始投资，肯定是行不通的。

4）什么生意都可以做，看你的选择是否正确

做生意要选择行业，做决定前，必须考虑好盈利的目标，考虑好自己的预期。

【防亏妙计】　对商人来说，不在于运用固定的商业模式，而在于怎样才能挣到更多的钱。或者说在他们眼里，能挣到钱的方法就是好的商业模式，而"什么生意都可以做，什么钱都可以赚"一语道破了选择商业模式时必须遵循的根本原则。

7. 坚持"不熟不做"的原则

做生意，有一种商业模式很重要，那就是不熟不做。然而，任何事情都是从不熟悉到熟悉的，所以，在面对最新最热的行业时，老板要时刻保持警惕，做到以下三点。

1）保守也是一种智慧

在做任何一项投资前都要仔细调研，在自己没有了解透、想明

白前不要仓促决定。看到最新最热的行业兴起，就失去了冷静和耐心，一股脑地投入大笔资金，是许多人投资失败的常见情形。

2）慢半拍，对市场加深理解

比别人慢半拍，就留出了观察、思索的时间。万一市场有什么风吹草动，就可以采取应对策略，见机行事。对市场的理解深了，再去投资经商，就成竹在胸了。

3）时刻把握"需求"和"应用"

最新最热的行业一定有它存在的原因。最重要的是看到其中的需求是什么，如果是一项科技，它的应用价值在哪里，能不能市场化，这些都要从成本、可行性等角度进行科学、深入地分析，从而作出准确判断。

【防亏妙计】 对企业来说，进入熟悉的行业更容易成功。因为熟悉，风险限制在可控的范围内；因为熟悉，对不确定性更容易把握。总之，熟悉意味着更高的成功率。

8. 善用"让第三方付款"

"让第三方付款"是一种在网状经济下取得商业成功的崭新模式。一种情况是，公司既不是生产者，也非用户，而是类似于中间商。公司欠生产者的货款由用户支付。另一种情况是，作为付款的第三方是关联企业、债务人、投资人。这种对传统营销理论颠覆性的思维，有助于企业审视和解决自身发展中遇到的战略、营销、创新等重大课题。

善用"让第三方付款",必须把握好下面四点。

发掘产品的潜在功能。包括产品隐性功能显性化、增加产品的新功能、卖点创新。

利用企业生产或服务流程的范围经济性。包括采购流程的范围经济、生产流程的范围经济、渠道的范围经济、促销的范围经济、销售的范围经济等。

创造边际非稀缺产品。不是靠寻找特定第三方,而是依靠企业自己的能力达到降低成本的目的。

发现产品和顾客的战略利益。包括顾客对第三方企业的战略利益、顾客对企业自身的战略利益、一部分顾客对另一部分顾客的战略利益、产品的战略利益等。

【防亏妙计】 "让第三方付款"的核心是:引入第三方为自己的产品或服务买单。为此,必须强化产品或服务的优势,获得直接客户的认可。

9. 避开商业模式的三个误区

商业模式不是万能的,也并非永恒的利润保证。在不同的时期、不同的地区、不同的企业,适用的商业模式都不一样。在运用商业模式的时候,要避开以下三个误区。

1) 唯大是好

只要能给自己的市场份额带来增长,给竞争对手带来毁灭性的打击,许多企业都会不惜代价,不遗余力。可这样的后果往往是企业一时昌盛，最后陷入亏损，甚至会有"性命"之忧。

2）过度创新

通过创新成功的只是少数幸运的人，大部分创新者都成了炮灰。问题在于，前者的光环被无限夸大，后者的尸体被默默掩埋，给人们造成了一种错觉，好像只要创新就必定成功。所以，创新是要有，但不要过分"痴迷"。

3）一哄而上

一旦有了商机，大家便一哄而上，这一点在中国表现得尤为明显。从产品品类到销售手法，全部遵循"羊群效应"。一旦某个地方有利润，群起而上的人们犹如蝗虫过境一般不可阻挡，所到之处草木无生。

【防亏妙计】 如果把企业比作一个冲浪选手，商业模式就是海浪的走势，要时刻作出判断，运用"巧模式"，把商业模式变成商业本能，才能顺应潮流的发展。

公司失败研究

公司亏损倒闭是怎么造成的

第二章

防损管理：
构建防损理念，提高公司利润

　　防损，简单来讲就是防止损耗和预防风险。从近年中国企业发展的历史来看，损耗管理一直没有被当作单独的概念提出来，或者说没有受到足够的重视。

　　如何解决企业内存在的浪费、腐败、内盗；如何保护商业机密和信息安全；如何解决环保、安全、职业安全、健康等问题，以及如何提高工作效率、降低商品成本、减少企业形象受损等，都需要老板下大力气抓好。

（一）构建防损理念

粗放型的企业管理，往往注重宏观经济指标的完成，但对于防损工作缺乏制度设计。平时看似无关紧要的问题，往往孤立地被对待和解决，一旦风险发生，老板只能充当"灭火队长"的角色。这无疑导致了企业损失和处理成本的增加，并对企业的持续运营产生一定的影响，某些风险甚至会对企业造成致命打击。

表面上看，防损理念不会给企业带来任何直接的利润，但它会减少企业的利润流失。在技术、创新、人才、管理等已成为众多企业公认的核心竞争力的同时，优秀的企业往往更重视风险的预防，这也是优秀企业有别于其他企业的标志之一。

1. 认清防损的价值

防损的"防"指的是预防，"损"指的是损失。防损，就是预防损失的过程。对任何一个公司来说，损失是普遍存在的，区别在于损失范围的不同，防损时应用的手段也存在差异。

以零售企业为例，防损要从审核开始，到采购核查、供应商调查、商品价格调查、送货检查、收货检查、单据审核、库存检查、陈列检查、销售检查、退货检查等，对整个过程进行彻底的梳理。在梳理每一个细节的过程中，要查找出现损失的情况及背后的原因，并找出应对的举措。

防损的意义在于，通过流程化、系统性的防损机制把公司损耗降到最低，从而最大限度提升公司利润。具体来说，发挥防损的价值必须把握好下面两点。

1）建立有效的防损机制

如何建立适应企业要求的防损机制，已然摆在了每一位老板的面前。防损机制的建立，既要有"人人防损，群防群治"的防损理念，还要有可操作性的防损制度。

2）明确防损原则

防损是积极主动避免不必要损失的一种努力。防损的投入是必要的，但是不能成为企业的一种负担。否则，资金、人力、物力投入过大，超出了企业应有的承受能力，就与防损的初衷背道而驰了。防损的基本原则是"预防为主，查防结合"。

【防亏妙计】 防损在现代企业中的地位正在逐步提高，因为它可以为企业做好风险预防、提高利润及为企业稳步发展保驾护航。

2. 防损理念的主要内容

从本质上，"防损"属于内部控制的范围，是企业从组织内部降低损耗、提升利润率的一种方式。实现有效的防损管理，首先必须具备科学的防损理念。概括起来，"防损理念"包括五个方面的内容。

1) 防损文化建设

防损文化建设主要是在企业内部形成一种主动防损、积极防损的意识，把防损作为维护企业利益，进而实现个人利益最大化的双赢共识。

2) 风险的识别和预防

经营风险无处不在，有些是可控的，有些是无法掌控的。防损管理针对的是可控、可操作性的那些风险。识别和预防可控的风险，是防损管理的重要内容。

3) 监督和制约体系

有效的防损机制是建立在科学的监督和制约体系上的。让有损于企业的行为无法发生，让可能造成损失的人主动规避损害，这些都是防损监督和制约体系的着重点。

4) 制度建设

具体到防损制度，既要有整体的原则性规定，又要有明确的奖惩规范，这样才能调动防损人员的积极性，并对那些带来损害的人员产生威慑力，达到减损的目的。

5) 利润管理

防损管理本身要投入一定的人力、物力和财力，它在公司整个日常开支里要占有合理的比重，从而让公司整体利润达到最优值。此外，老板也要用利润管理的知识进行防损操作，才能不脱离提升利润的根本目标。

【防亏妙计】 构建防损理念需要过硬的防损专业知识和良好的综合素质能力，要有预知能力、超前意识，更要经常用逆向思维考虑问题，从而提升我们的推断和推理能力。

3. 建设公司防损文化

防损文化的建设是一个系统工程，而且还要结合企业所处的行业、发展阶段等要素进行统筹规划，才能收到实效。

在此，我们不妨借鉴一下沃尔玛的防损文化建设。这家零售连锁企业的防损文化模型分三个层次：感应、心理、意识。

"感应"是通过规章制度建设，使全体员工建立基本的行为准则。在日常工作中，每个员工都要在行动上主动减少不必要的损耗。

"心理"则着重通过营造环境氛围来影响员工。沃尔玛的环境氛围从员工入职开始，覆盖供应商和所有工作人员，通过不同类型的培训课程，对所有相关人员进行教育，并持之以恒。

"意识"则通过激励来实现。在沃尔玛，能让员工听到高层的声音，并感受到来自高层的关注。企业还通过全球道德奖的评选，给大家提供学习的榜样。

【防亏妙计】　沃尔玛通过文化建设取得了很好的效果，不但商场的内外盗、腐败等事件减少，营运标准提升，还通过发动顾客参与到共建诚信活动中，降低了商场损失。这种有效的减损之道，值得所有企业学习、借鉴。

4. 防损员的工作职责

防损管理是一项十分重要而艰巨的任务，防损管理工作的好与坏，直接体现在每个防损员的工作中。以零售型企业大型超市为例，员工通道岗的防损员主要有下列工作职责。

早晨 7:00 准时上岗，其中 1 人守岗，1 人维持打卡秩序。

负责来访人员的登记，礼貌回答来访人员的咨询，并通知被访人员。

制止未穿工衣、未戴工牌的员工从通道进入商场。

禁止员工私自拆修、涂抹指纹打卡器，一经发现立即辞退。

禁止当班员工无故离开商场，因工作需要离开的要做好外出登记。

对从该通道拿出商场的商品要认真检查，核实单据与实物是否相符。

制止员工带包（装）和工作无关物品从通道进入商场。

禁止顾客、送货人员及其他无关人员进出通道。

协助客服人员做好投诉工作。

对夜间办公区因工作需要值班的人员要核实登记，未登记者不得进入。

夜班清场完毕后，需检查办公区门窗及照明灯等是否关闭。

员工通道由防损部直接负责，平时安排站岗 1 人，上、下班时间为 2 人。

下班员工必须走员工通道并自觉打开随身携带的包裹，接受防损员检查。

企业对防损员的要求是不能与一个普通员工等同的。较高的政治思想觉悟、高尚的思想品德、高度的责任感和强烈的责任心，都是防损员必备的素养。

【防亏妙计】 老板必须真正认识和理解防损员的重要性，让他们练就过硬的本领，具备严格的组织纪律观念，在工作中时刻严格要求自己。防损员在任何时候、任何情况下都要坚定不移地坚持原则，公司利益才能少受损失。

5. 将防损工作制度化

防损工作是一项长期并充满挑战的事业，贯穿于企业成长和发展的始终。因此，将防损工作制度化，是老板必须抓好的头等大事。

依靠制度做好防损工作，必须结合企业所处的行业及自身成长的阶段。在此，我们需要把握的是一些基本的制度化设计。

1）岗位责任制

针对不同的岗位，企业从营运环节减少损耗的产生，并对此进行硬性的规定，设定赏罚的标准。

2）值班责任制

在各自工作领域、时限内各负其责，并在正式交接班前加以清点，以确保各自的责任。

3）举报重奖制

发动全体员工参与防盗防损，并在一定程度上分化内部偷盗小团体和防止内外勾结盗窃。

4）双人操作制

防损员之间加强互相监督，以避免在各个环节的损失，最大限度维护组织利益。

【防亏妙计】 从更广的角度来看，老板将防损工作制度化，最重要的是建立一套有效的防损管理机制。比如，对各种可能引起危机事件的危险源，针对不同的情况制订反应预案，一方面有效降低危机发生的可能性，另一方面即使危机发生，也能够用最快的速度做出最有效的反应。

6. 防止公司内外盗窃

几乎所有的零售企业都把防盗放在安全防损的第一位，而生产型企业的主要损耗也是盗窃。这提醒老板，必须防止公司内外盗窃行为的发生，降低员工偷盗在企业损耗中所占的比重。

比如，化妆品店每天都有成百上千的顾客进店，这么多人鱼龙混杂，难免有一些贪小便宜的顾客，也难免有职业小偷，甚至内部员工顺手牵羊。对此，主动采取预防措施是比较好的方法。

安装 110 联防报警系统。该系统的作用主要体现在晚上闭店以后，店铺没有人员值守的情况下发生盗窃能及时向公安机关报警，并且及时通知店铺相关人员，从而避免或减少损失。

安装监控录像系统。监控录像的主要作用是可以把店内的情形24 小时不间断地以影像资料的形式存档，日后能有据可查，以便确定责任人和挽回损失。

提高员工的防盗意识。之所以会发生外盗，主要还是店铺人员的防盗意识不够强，使外部人员有了侥幸心理。

安装声磁防盗系统，这种系统主要是通过软硬防盗标签和门禁磁场组成的声磁报警手段来避免不法分子夹带店内商品出店。

【防亏妙计】 许多时候，防盗措施主要是一种震慑，真正能够做到预防外盗的还是团队成员的主人公意识和防损意识。

7. 强化员工防损思想培训

有时候，企业花费大量人力、财力进行防损管理，效果往往不尽如人意。其中一个重要原因是员工的防损意识淡薄，所以行动上也出现了偏差。

1）对损耗的概念没有认识清楚

在限塑令实施后，比如，超市管理人员欣喜地看到塑料购物袋用量的锐减，却没有意识到卖场营运中的消耗品也是损耗的多发地，这就是一种思想认识不到位的表现。

2）依赖高科技防损收效甚微

有一些超市内的防损部门加设了防盗门和防盗签，试图依赖于高科技手段解决商品损耗问题，但仅仅通过技术是不能发现所有损耗的。只有将技术运用和对员工的正确指导与培训有机结合起来时，才能发现一些隐藏的损耗，并不断地减少它们。

【防亏妙计】　在防损这件事上，有些问题不是单纯可以通过技术手段解决的。老板要不断通过培训强化员工的责任感，通过文化的力量来使员工将防损工作变得自觉、自愿，并使之成为日常工作的一部分。

8. 运用科技手段防损

运用科技手段进行防损，可以从以下几方面展开。

1）引进微型化、隐蔽化的监控防盗仪器

比如，在贵重商品柜台的角落里装上微型监控器，既起到监控作用，又不会轻易被盗窃者发觉。采用清晰化设备，一旦发生偷盗行为，可以取得优质录像效果，以达到起诉标准，作为直接证据。

2）提高防损人员的技术水平和熟练程度

在任何工作中，人的要素都是第一位的。提高防损人员的技术素养，加强对贵重商品及重点时间段的监控，可以有效减少企业的损耗。

【防亏妙计】　无论采用何种应对的方式，损耗管理都应当成为企业管理工作的重要内容。并且，只有全员参与、全员重视，这项工作才会取得长期持续的成效，从而使企业的生命力更加持久和旺盛。

(二) 学习防损实务

目前，"防损"这一概念使用最广泛的行业是零售业，因为它最早就是从国外的超市管理传入国内的。不过，其他行业及企业也应该把防损工作纳入日常管理，在减少损耗的同时提升利润。

搞好防损管理工作，提高防损工作效益，首先必须要加强对防损员的管理。提高防损员自身的管理能力、自律能力，防损员才能把防损管理工作深化到各个领域中去，才能把防损管理工作真正落到实处，才能按照公司的要求完成各项防损任务。

1. 化妆品店防损实务

通常，商品卖出去的概率越低，老化得就越快，报损的概率就越高。因此，化妆品店铺的防损工作是必须保持商品的"新鲜"。

1）重视验货第一关

不管是仓库验货还是店铺验货，货到时都要非常注意商品的完好性。这就要注意：商品的外包装是否完好无损，变形、破烂的应该拒绝入库；尽量拒绝保质期过程的商品入库；包装有污渍、无法恢复新鲜的，应尽量拒绝入库；变质溢出的商品，应坚决拒绝入库。

2）让商品保持良好的形象

比如，随时保持商品整洁卫生，形象好；随时保证商品陈列整齐，有美感；陈列道具漂亮干净，灯光明亮，环境好。这样才能吸引消费者的眼球。

3）快速周转商品

最好能够勤订快出，尽可能加快商品流转，减少库存积压。当然，先进先出是保证商品新鲜非常重要的原则。

4）清除不良商品

对于占很大位置、周转较慢的商品，以及包装已经影响销售的商品，应立即下架，进入和供应商退换货的程序或者处理程序，避免"感染"正常商品。

【防亏妙计】　相较于包装过时、生产日期较长、外表较脏、摆放凌乱的商品，包装精美、近期生产、卫生整齐的商品卖出去的概率较高。

2. 连锁门店防损的措施

店铺失窃和商品损耗一直是商业门店较为敏感的"隐伤"，防损工作也被称作"没有硝烟的秘密战斗"。通过人员防损、技术防损等各种手段，能够把损耗控制在合理的范围内。

1）成立专门的防损部

防损部的工作人员又被称为内保人员，在门店营业期间身着便衣，并在店内各处来回巡视，通过"人盯人"、免费存包、店内广播等方式，发现、善意提醒或预防员工、顾客及供应商的不规范行为给门店带来的损耗。

2）门店前台收银区防损措施

收银员与亲友串通，或有意作业不当，对门店造成的损耗具体表现为：减少录入商品的数量和应收金额；用取消功能，包括单品删除、取消交易等；通过不给顾客小票、主机断电、打印机色带问题、卡纸等方式将没有计入系统而多出来的钱伺机带走。对于上述问题，都应该加以防范。

3）门店出口处的防损措施

在门店出口处要做好防损工作，服务至关重要。当顾客走向出口时，保安要微笑迎接顾客，观察顾客所购买的商品，估算出大概的金额，并特别留意大件或较贵重的商品，这样会节省核查的时间，不至于让顾客反感。

【防亏妙计】　防损是门店利润的守门员，如果一个门店的损耗无法得到有效控制，这个门店将很难赚到钱。保证损耗最小化，是实现门店利润最大化的前提条件。

3. 超市防损的三点建议

1）采用防盗性卖场布局与商品陈列方式

在超市店铺中，防盗性的卖场布局与商品陈列技巧主要有两点：一是把最容易失窃的商品陈列在店员视线最常光顾的地方，即使店员很忙的时候，也能兼顾照看这些商品；二是采用局部封闭的方式，便于安装电子防盗系统，确保最佳的防盗效果。

2）加强员工日常作业管理

概括起来，主要采取的应对措施有：对高损耗商品加强盘点；定期检查商品价格标示有无错误或漏标现象；定期检查货架上商品的有效期限；定期检查商品库存；对于提价商品，应该立即更换标签。

3）小型超市可使用防盗镜

对于小型超市，安装电子防盗系统的必要性不大，可以广泛采取防盗镜进行保护。通常，防盗镜安装在门店的各个角落，能让店员方便地监视整个店内的情况，再配合安全的商品陈列、店长及店员的巡视，一般可以满足小型超市对防盗的需求。

【防亏妙计】　目前，中国连锁大卖场和超市防损的主要手段是人员防损。这种方式人力成本低、操作灵活，不过实际操作起来容易出现错抓、漏抓现象，而且防损人员本身也可能会出现问题。显然，各门店应结合实际情况选择适合自身的防损措施。

4. 经销商仓库防损基本功

经销商的货损原因是多方面的，比如：存放不当，堆叠过高，相关温度湿度及防虫防鼠未认真落实，导致货损或挤压变形，失去商品价值；部分商品库存时间太长，过了保质期，变成废品等等。

对此，最简单的办法就是制订一套仓库管理标准，细化各项工作和要求。在实施仓管制度前，必须着重做好下面几项基本工作。

1）商品与非商品分开

可以在仓库专门分设三个区，分别存放杂物（家具、车辆部件等）、各厂家的促销品或宣传品，以及残次商品。

2）分厂存货

按厂家来分区存放，一个厂家一个存放区，可以直观地检测各厂家的库存，厂家来人看货或盘点也很方便。

3）铁丝网分隔

用角钢和铁丝网，将仓库按厂家为单位分隔出一个个单独的存放区（小库）。每个存放区只集中堆放一个厂家的商品，严禁交叉存放。

4）安装摄像头

在仓库里装几个摄像头，连线到办公室，并在业务人员办公室里也挂个显示屏。很大程度上可以减少库工重手重脚、磨洋工等问题。

5）使用重型货架

部分商品在堆叠时容易挤压变形，因此可以在部分小库里装重型货架，避免过多堆叠带来的商品损耗。

6）双库位图

用最直观的图形，包括彩色条块、文字等方式，显示仓库里各厂家各商品的所在地。

7）突发性查库

每年六次查库，但时间不定，可能三个月查一次，也可能一周之内查两次，让仓库管理人员始终保持仓库的管理工作符合标准。

8）严格实行残次商品及时处理制度

实行残次品月结月清制，除一些等待厂家前来处理的残次商品外，本月出现的残次商品必须当月处理掉，避免残次商品堆积。

【防亏妙计】　仓库防损不能全指望员工的自觉性，也不是靠一个规章制度就能万事大吉的。多方面考虑问题，多管齐下，才能把仓库管好，把损耗降到最低。

5. 做好采购员防损工作

采购员掌握着较大的权力，在某种程度上决定着企业所用商品的质量及成本高低。因此，开展好采购员防损工作，是防损实务的重头戏。

以超市为例，开展采购员防损工作主要包括两方面的内容。

1）采购部应有一套严格、完善的采购制度

首先，采购制度应规定商品采购员全过程的具体操作，如申请采购商品、授权人批准权限、各种商品采购的规定和方式、报价和价格审批等。其次，建立健全供应商准入制度，如防止采购员大量收取回扣等。再次，对于重点商品的价格单，要建立价格评估体系，编制科学价格目录，并随时进行市场调查，及时更新价格。

2）对采购员做好监督、管理工作

对采购员的监督管理，主要是建立严格的采购员绩效管理制度，通过量化业务指标，在严格的绩效管理制度下，使得采购员拿回扣很困难，从而知难而退。此外，防损部门在检查采购员的单据时，要把重点放在下列单据上：合同、进价、促销协议、退换货条款、报表、价格单等。

【防亏妙计】 开展超市采购员的防损工作，首先要了解采购员的岗位内容、职责，以及采购员可能给超市或商场带来的损耗有哪些，再制订切合实际的防损工作方案。

6. 收银员防损的技巧

收银员防损的技巧主要有以下几方面。

1）加强收银员的防盗意识

收账时，收银员要做到眼观八方，同一种商品要数清并准确录入数量，防止少扫商品。并时刻观察周围环境，保持冷静的头脑，以防顾客趁乱拿走商品。

2）严格监管收银员在电脑事故后的处理

发生技术故障，如突然断电等，收银员应立即通知技术人员，由技术人员统一处理。需要注意的是，发生故障时要防范收银员趁乱取消交易记录的行为。

3）加强收银区防损员的监管力度

严禁收银员给亲戚朋友结账，规避串通风险。收银区防损员在监督收银时，应注意观察收银员的收银动作、消磁动作等，以防收银员故意少收、漏收商品费用。

【防亏妙计】 超市防损是超市收益的一项重要内容。而收银员的有力防损更是能够为公司避免许多商品和资金的流失。

7. 防损人员的培训方法

把防损管理工作开展得有声有色，创造出防损工作的新局面，不能只满足于抓捕盗窃行为，而是要以预防为主。为此，必须对防损人员进行全面的深化培训。

认真学习防损工作流程，一定要熟悉每一个工作环节，提高职业技术水平。

认真搞好自查自纠，找出自己在工作中的缺点和错误，改善组织纪律涣散状态。

认真学习内部的防损管理工作条例，提高道德思想素质，严格执行公司的规章制度。

老员工谈经验，新员工谈体会，互相取长补短，提高整体队伍的业务水平。

防损人员要经常写心得体会，总结经验和教训，明确自己的工作方向。

【防亏妙计】　为了更好地监督各种无形损耗的发生，每个员工要保持紧迫感，提高遵守防损规章制度的自觉性。

8. 员工简易防盗知识

普通员工应该培养防盗意识，掌握简单的防盗知识。

1) 培养主人翁意识

要让员工明白，这家店是我的，不能容忍有一点闪失。有了这种意识，员工才能积极主动地做好防损工作。

2) 把防损与个人绩效结合

为了增强员工的防损工作积极性，可以把防损与个人绩效结合。这不仅是防盗的一种方法，也有利于提升个人的工作业绩。

3) 合理分布工作岗位

合理数量的员工在岗，对有偷盗想法之人是一种震慑，同时也能增加发现偷盗行为的几概。

【防亏妙计】　在一个企业或者店铺里，容易丢东西的地方和时间总会形成某种规律。比如，工作人员最少的时间最容易丢东西，比如一大早、中午、快下班的时候及员工用餐时间；顾客最多的时候，也有人趁工作人员忙不过来进行偷窃。

公司失败研究

公司亏损倒闭是怎么造成的

第三章
提升品质：
没有品质的企业无法屹立长久

　　品质是最伟大的力量。没有好的品质，就没有市场，企业也就无法生存。这是商界里的一条铁律。要想在激烈的市场竞争中赢得更广阔的市场和拥有更长远的发展，老板就必须想方设法提升产品的品质，打响"质量保卫战"。

（一）品质决定企业的生死存亡

"千里之堤毁于蚁穴。"许多时候，一个微小的缺陷就能引发连锁反应，最后造成重大损失。1%的缺陷带来100%的失败，这绝不是危言耸听，而是血淋淋的惨痛教训。

品质上的瑕疵，会让巨额的投资化为乌有，这种教训太深刻了，代价也太大了。请牢记，工作无小事，更无小错，千万不能抱有侥幸心理，否则将来的某一天会吃大亏。

1. 品质是最伟大的力量

如果科学技术是第一生产力，那么，品质就是一个公司最直接的实力体现。在未来的竞争中，最大限度地达成客户满意是每一个企业或组织存在的意义。

所以，品质不仅仅是产品是否符合规格，更包括了客户是否满意这个大的方向，而客户满意又包括了交期、服务、价格等多方面因素。

良好的品质仅仅依靠制造能力是绝对不可能的，品质是公司综合能力的体现。比如，虚假的调查与顾客要求的日程有偏差，就无法作出正确的生产计划，所以造成勉强生产的情况。一群不熟练的人也无法做出良好的品质等。

还有技术方面，如不准备适合的工具、不检查工具等，良好的品质也是难以保证的，不良品只会像山一样堆积起来。所以，需要公司所有员工都要向着良好的目标迈进。这就是公司的综合能力。

【防亏妙计】　品质是最伟大的力量。良好的品质是一个企业生存的必要条件，有了良好的品质，企业才会在市场中更有竞争力。否则，企业将走向死亡。

2. 1%的缺陷带来 100%的失败

"千里之堤毁于蚁穴。"许多时候，一个微小的缺陷就能引发连锁反应，最后造成重大损失。

在一次登月行动中，美国的飞船已经到达月球却无法着陆，最终以失败告终。事后，科学家在查找原因时发现，是一节价值仅 30 美元的电池出了问题？这是怎么回事呢？

原来，起飞之前，工程人员在做检查工作时只重点检查了"关键部位"，却把它给忽略了。结果，一节 30 美元的电池让几十亿美元的投资和科学家们的全部心血付诸东流。

品质上的瑕疵，会让巨额的投资化为乌有，这种教训太深刻了，代价也太大了。由此可见，工作无小事，更无小错，千万不能抱有侥幸心理，否则将来的某一天会吃大亏。

做任何事情，都有一个基本的标准，务必要确保品质令人满意，否则你就无法摆脱他人的责问，陷入焦虑不安中，乃至最后失去了信誉。

【防亏妙计】 大错是错，小错也是错。关注小错误是每一个成功者必备的素质。成功者从来不会因为错误小就放过，一律认真对待。

3. 品质是在工程中制造出来的

好品质是在工程中制造出来的。因此，老板如果想"让产品和你预想的一样好"的话，就必须做好工程管理，工程管理是品质好坏的"把关人"。

那么，什么是工程管理呢？

老板要能够理解，很多问题是抽检发现不了的。生产产品就要有品质上的目标，这是很自然的事，实现目标的关键是制造方面的工作，所以品质的好坏是受制造工程影响的。那么，制造工程对品质的影响程度当然是越小越好。

工程管理主要是 4M 管理。4M 管理分为对品质有影响的因素的管理与制品的品质特性的管理（结果的管理）。在制造工程方面，这类管理活动的中心就是工程管理。

在工程管理中，一般说的 QC（品质管理）工程图，经常被有效地利用。QC 工程图必须记载的内容有：在各制造工程中，为保证品质特性要确认什么；为了尽量不影响品质，哪些因素要确认什么项目等。

因此，QC 工程图中记录的内容要在各制造工程中标明，什么对品质有影响，这有必要在工程解析中事先明确出来。此外，相关经验的积累在工程管理过程中也是很重要的。

【防亏妙计】　工程管理能够做到什么程度，是不良损耗减少、生产效率提高到何种程度的关键。

4. 品质管理的六大误区

很多老板对品质管理方面的认识存在误区。

这些常见的误区主要有以下六种，老板应该尽量避免陷入品质管理误区。

品质管理存在"差不多先生"和"马虎小姐"这种做法是错误的，认真才是品质管理的专业态度。

品质越高，成本也会随之增高。品质是需要花钱的，只要多砸钱，品质肯定好。这种想法也是错误的，品质与成本不成正比关系。

品质不好，肯定是因为一线生产员工的问题。这也是不科学的看法，品质的好坏往往是由品质管理的好坏决定的。

很多老板坚持成本第一、品质第二的原则，这是极度危险的。没有好品质就没有市场，企业也就无法生存，所以要把品质放在第一位。

一些老板认为销量是第一位的，因此把精力主要集中在营销上，造成产品品质滞后。这是缺乏远见的表现，品质的滞后最终会让企业在市场销售中一败涂地。

1%的失误不算什么，任何事都有特殊性。小错误会酿成大灾祸，不可小看小失误。

【防亏妙计】　品质管理的三重境界是：一重境界，不让不良品出厂；二重境界，不制造出不良品；三重境界，不企划不良品。

5. 品质异常的反馈与处理

在品质管理的过程中，难免会出现品质异常的情况。这时，老板就要及时收集品质异常的反馈情况，并进行处理，来保障品质的优良。

下面的具体处理方法可供参考。

自己可判定的，直接通知操作工或车间立即处理。

应如实将异常情况进行记录。

对纠正或改善措施进行确认，并追踪处理效果。

自己不能判定的，则持不良样板交专业人士确认，再通知纠正或处理。

异常处理后有改善效果的，应及时对该工位的作业指导书等进行相应的标准化修改。

对半成品、成品的检验应做好明确的状态标识，并监督相关部门进行隔离存放。

修改完成后，需对该工位的作业人员进行教育，并进行考核，也要确认教育的有效性。

【防亏妙计】 品质异常是品质管理出现了漏洞，一个老板对品质异常的反馈和处理是否得当，在很大程度上决定着品质管理的漏洞能否修复，品质能否长期维持优良状态。

6. 对生产环节的检验毫不懈怠

保证产品质量，不能放松对生产环节的检验。只有生产过程中严格执行检验标准，从整个产业链的每一个细小环节入手，才能实实在在地确保高品质。

一种产品的生产现场应建立多少道质量检测程序，要根据产品复杂程度和工序质量稳定情况来决定。产品复杂、工序质量不够稳定的，要多建一些，反之，可少建。但关键质量特性，不管它是否稳定，始终都要控制，不能取消。

检测管理的价值在于维护好质量，具体表现在下面两点。

确保生产原料的质量，避免多余工序积压资金。要建立严格的生产过程检验标准，生产工序严密，产品才能合格。

为高品质的产品保驾护航，在生产过程中，对各道工序的原料进行检验、交接、处理的时候，要做到严格把关。这样可以保证原料质量、消除混料和不合格品投料在生产现场的发生。

【防亏妙计】 质量管理是老板领导公司进行生产、经营的必备素质。没有这种能力，只知道"挑灯夜战"的人是难有所作为的，甚至会葬送公司的前程。相反，较高超的质量管理能力是公司生产高质量产品的有力保证。

7. 在作业中坚守品质原则

生产作业是关系产品品质的关键环节之一。因此，老板要想保证产品的品质，就要对员工提出在作业中坚守品质的要求。

如果正确作业的话，就不会出现不良品。因此，生产班长是基层保证品质的重要管理人员。对生产班长的要求可以参照以下几点制订。

经常巡视生产线，监视作业者是否正确作业。

如果发现错误作业的话，在立即纠正的同时，对生产出的制品进行确认，并将此事实准确地向上报告。

在发现有异常情况但自己又无力解决时，按上述方法处理。如作业者发现异常情况的话，使其养成及时报告的习惯。

品质确认工位的作业者必须有不良集计表，让其记入每天的不良数及不良明细。

把每日统计的数据收集起来研究对策。

要意识到新人和代理作业者对于作业一无所知，所以在明确传达想让他做什么的同时，还要以标准资料为基础进行指导。指导后由班长亲自确认其作业结果，判定良否，如果其结果不好的话进行再指导，反复如此。

【防亏妙计】 生产现场质量管理是保证产品质量的第一道关，

跳过了它，就会出现劣质产品。把现场质量管理放在第一位，以预防为主，是最经济、稳定地保证工序质量的一种好方法。

8. 一把手对品质负有主要责任

许多时候，产品行不行，做得是否到位，往往是老板说了算。因此，在提升品质的过程中，一把手负有主要责任。为此，老板要抓好"一把手工程"，从如下四个方面负起领导之责、管理之责。

1）高品质态度

老板首先要树立高品质态度，在品质管理过程中，一定要做到高要求，要克服"差不多"的想法，时刻坚持高品质态度。

2）高品质理念

在经营理念上，老板也要树立高品质的正确理念，以高品质来赢得消费者的青睐，增加市场竞争力。

3）高品质作风

要想使企业上下都实实在在做到高品质，老板就要发挥带头示范作用。因此，老板的工作作风要凸显高品质。

4）高品质教育

为了使基层员工也能够以高品质的原则要求自身的生产行为，老板要对全体员工进行高品质的教育工作，同时老板自己也要及时学习高品质管理知识。

【防亏妙计】　老板是企业的领导者，是一个企业最鲜明的"旗帜"，只有老板所指的方向正确，企业的经营才会正确。在品质管理上也是一样，老板作为"一把手"要对品质负主要责任。

9. 良心是"真正品质"

吉野家创立于 1899 年，主要经营各式日式盖浇饭，包括煎鸡饭、牛肉饭、东坡饭、咖喱鸡肉饭等。今天，该公司已在全球拥有超过 1100 家分店，为各地顾客提供日式食品及优质的服务。

长期以来，吉野家一直以良心品质为本，所有食品均采用精选上等材料烹制而成。在制作上，坚持"即叫即制"，务求为顾客提供最新鲜、最高品质的食品。

良心是"真正品质"，必须始终如一地追求这一理念。吉野家为顾客提供快速的服务、舒适的环境，以及品质优良、价格合理的美食，让每个前来光顾的人都能品尝到美味。

吉野家的经营思想可以概括为以下五点。

认真负责，对待工作有强烈的责任心。

面向市场，永远着眼于市场的变化。

顾客至上，敏锐地感觉到顾客需要。

尊重他人，发挥员工的个性，团结一致。

打破现状，创造具有挑战与革新精神的风气。

【防亏妙计】　把事情做好，必须用心：一是专心，能够全心全意把事情做到位；二是良心，以负责的态度努力创造高品质的产品或服务。做到最好，公司必然赢得市场的青睐。

(二) 产量是效益，质量是生命

在那些亏损倒闭的公司中，质量成了说起来重要、做起来次要、忙起来不要的东西。却不知，忽视了质量问题，公司的生命将慢慢地被蚕食，长此以往，公司将变成"温水煮青蛙"，最终被市场无情地淘汰。

错误的质量意识会导致错误的质量管理观念，错误的质量管理观念导致了劣质产品或服务，劣质产品或服务必然导致市场萎缩、企业消失。对公司而言，产量是效益，质量是生命，忽视质量问题是众多公司走向亏损乃至倒闭的原因之一。

1. 从源头打好质量保卫战

对生产企业来说，产品质量应该从源头抓起。所谓源头，即从进厂的那一刻算起，要检测进厂的零件、物料等，从源头打好质量保卫战。

从进厂原料、零件开始检测，真正做到从源头抓起。老板要做好产品的源头追溯工作，确保每一件产品都能查到源头，找到负责人。

要对进厂零件进行质量检测。进厂零件的质量检验包括对如下项目的检验：检验项目、参考图号、检验方法、检验设备等。根据检验结果，对"几个厂商名单"加以总结，就能确定零件供应厂商的资质，为日后生产采购打下基础。

要对进厂物料进行质量检验，根据"物料名称""物料编号"，列出进厂物料的"检验项目""检验方法""检验标准编号""抽样办法""及格标准""不及格处置方法"。其中"抽样办法""及格标准"是质量检验的关键。

【防亏妙计】 老板要通过"进厂零件和物料质量检验表"把握好采购部门、生产部门的责任传递，从源头打好质量保卫战。

2. 生产标准决定产品质量

不同的标准会带来不同的产品品质。要想决胜市场，就必须从产品质量入手，以高品质产品打开局面。为此，老板可以制定更高的目标，建立产品质量不合格"零容忍"制，不允许任何有瑕疵的产品流向市场。

产品质量标准，就是规定产品质量特性应达到的技术要求。产品质量标准是产品生产、检验和质量评定的技术依据。

具体来说，产品质量特性一般以定量表示，例如强度、硬度、化学成分等；对于难以直接定量表示的，如舒适、灵敏、操作方便等，则通过对产品和零部件的试验研究，确定若干技术参数，以间接定量反映产品质量特性。

在产品质量标准表上，要列出"产品质量尺寸表"，包括"说明""尺寸容差"等数据统计。而"允许不良程度"则是对数据标准的误差程度划分，分成"A级品""B级品""C级品"等。

最后，报表通常要列出"不良原因分析"，这是对产品质量标准改进的意见和建议，是从技术角度进行的科学分析。

老板要学会灵活使用生产标准，在提升产品质量上不遗余力。这样做，可以打造产品的核心竞争力。

【防亏妙计】 产品质量是一种核心竞争力，是消费者和客户买单的基础。因此，老板要做到在任何时候都要保持产品的优良品质，消费者才会放心购买。

3. 做好全面质量管理

企业内部的质量管理不是孤立的，从原材料的购置到产品投放市场，每一环节都存在着质量管理工作。质量管理是无时不有、无处不在的，这就要求老板要做好各方面质量管理工作。

有针对性地建立健全与质量管理有直接关系的产品生产制度、检验制度等。管理制度不在多，在于精，在于管用。严格管理是保证质量的前提。从原材料的购置、生产过程控制到检验每个环节都要抓好落实。

健全公司质量检验的岗位责任制。出厂产品上都打上标签，记载检验员与生产工人的代号。出了问题，一查便知道是谁的责任。

责任制比无人负责更进步，但光靠事后惩罚也无济于事，要保证把质量问题控制在出厂前。

【防亏妙计】 "全面质量"不仅指产品、服务质量，还包括了工作质量，要用工作质量来保证产品和服务质量。整个质量管理强调"好的质量是设计、制造出来的，而不是检验出来的"。质量管理是全面的，它无处不在。

4. 坚决收回不合格产品

全世界没有一个质量差、光靠价格便宜的产品能够长久地存活下来。质量是要经过市场和消费者认可的，是刚性的东西，来不得半点马虎，质量检验也不能有一星半点的"变通"。所以，老板要坚决收回不合格的产品。

三洋公司曾经有一批新产品，正在生产的时候却发生了问题，那就是装置电机部分的支轴断了。这个问题相当严重，弄不好就可能使公司的信誉毁于一旦。

这些产品大约有 1 万个，相当于两个月的生产量，这么重大的损失，到底是不负责任地卖出去呢?还是眼光放远些，迅速收回?虽然不顾一切地将产品卖出去，可以获得眼前的利益，将资金暂时稳住，但是这些不良产品将损害公司建立的良好形象，以后在市场上，可能永无立足之地。

权衡利害得失，三洋收回了所有的产品。也因此，三洋的做法赢得了消费者的青睐，成为知名品牌。

【防亏妙计】 质量是第一位的，如果质量不合格，作为老板，一定要有长远目光，坚决收回不合格产品，以此来保证公司的信誉不受损。

5. 让顾客满意的质量

有时候，质量越高并不一定越符合消费者的需要，相反，质量过高还可能形成质量过剩。产品的质量应该以符合消费者的需要为标准，否则，再"好"也不能算是好质量。

产品质量在保证顾客满意的同时，是不是也有其固有的指标呢？答案是肯定的。但一般而言，下列几个标准是消费者首选的标准。

安全性。安全是消费者对产品质量最基本的要求。很难想象刹车容易失灵的汽车能得到消费者的青睐。

耐用性。消费者一般都较实际，容易选用耐用的产品。当然耐用性要有一定尺度，如制造出来能穿几年不坏的、价格昂贵的皮鞋不一定能赢得多少消费者的青睐。

新颖性。喜新厌旧似乎是人类的特点之一，新颖性能使消费者产生美好的视觉方面的感受。

【防亏妙计】 良好的质量是企业的口碑，是理论上的数据，更是顾客心中的标尺和对商家的认可程度。如何保持产品质量，并不断提高产品质量，使顾客为之满意，是防止公司亏损的重要问题。

6. 质量管理的八项原则

国际标准化组织（ISO）吸纳当代国际质量管理专家在质量管理方面的不同理念，总结了质量管理的八项原则。

以顾客为关注焦点。顾客是公司存在的基础，公司应把满足顾客的需求和期望放在第一位。

领导作用。为了实现组织的目标，创造良好的工作环境，最高管理者应建立质量方针和质量目标。

全员参与。公司的成功离不开全体人员的积极奉献，所以应赋予全员职责与权限，并激发他们的创造性和积极性。

过程方法。公司为了有效地运作，必须识别并管理许多相互关联的过程。

管理的系统方法。管理的系统方法包括了确定顾客的需求和期望、防止不合格、寻找改进机会、实施改进、监控改进效果等。

持续改进。持续改进总体业绩应当是公司的一个永恒目标，其价值在于追求不断提升质量的价值诉求。

基于事实的决策方法。有效决策是建立在数据和信息分析的基础上的。决策的依据应采用准确的数据和信息。

与供方互利的关系。把供方、协作方、合作方都看作是战略同盟中的合作伙伴，形成共同的竞争优势能够优化成本和资源，有利于双方共同得到利益。

【防亏妙计】　质量管理的八项原则适用于所有类型的产品和组织，是质量管理体系建立的理论基础。

7. 千方百计提升服务质量

售后服务质量也是产品质量的重要组成部分，售后服务做不好就会使公司亏损。如今，许多新产品上市后出现了顾客不敢买的情况，顾客怕付出昂贵的价格，产品质量又不好，坏了怕没人修。只有产品质量与服务质量并驾齐驱，企业才能迅速占领市场，获得消费者的认可和好评。赢得市场和用户信赖的关键有两点。

1）拥有质量上乘的产品，消费者买得放心

在生产的各个环节，要有严格的检测和检验规程，每道工序都要视产品质量为公司的生命，在各个环节的要害处把住质量关，从而提高产品的整体合格率。

2）把售后服务的质量提上来，用户用得放心

不仅要做到销售时提供最佳服务，更要花大力气进行产品质量跟踪服务，定时收集消费者使用产品的反馈信息、意见和建议。

【防亏妙计】　产品质量和服务质量是企业的生命。因此，一个公司不仅要在产品质量上把关，还要以具备一批高素质、高质量的管理人才及完善的售后服务为基础，并在这个基础上不断更新，永无止境地追求高品质。

8. 抓住产品的关键工序

没有品质作保证，冲得快，死得也快。对于老板来说，最为关键的是抓质量管理工作的重点，抓好源头和少数关键工序。

著名的"帕累托定律"向人们展示了这样一个规律：公司20%的投入占了80%的生产成本，而80%的质量与服务问题，实际出在20%的工序与服务环节上。

显而易见，提高质量的办法就是对每个工序和关键环节进行研究，从原材料、加工过程、生产流水线到产品的售后服务，找出最容易出毛病的地方，不断进行质量改进。

只要能把握住容易出毛病的关键工序，就能大幅度提高产品质量和合格率。

要抓住关键环节和重要工序，关键是要重视产品质量分析工作。质量分析工作要由专人来做，公司要舍得花大力气，舍得投资培养质量分析人员、检验人员，完善质量检验设备。

除此以外，还要注意利用技术革新解决质量问题。鼓励技术革新人员通过钻研业务，用各种技术手段解决现有设备存在的问题。

【防亏妙计】 质量是维护顾客忠诚的最好保证。抓住了关键工序，就抓住了质量的牛鼻子。但这并不是说注重关键因素，而是说关键的地方绝不能出任何纰漏，这是底线。

第四章

决策正确：
决策失误是公司最大的损失

  世界上每100家破产倒闭的公司中，85%是因为企业管理者的决策不慎造成的。对老板来说，决策的失误是最大的损失。因为它是事情的龙头，"头"开错了，难以挽回，一错皆错。

  "不谋全局者不足谋一域，不谋万世者不足谋一时。"公司经营运作的最终成功，关键在于老板能够保持清醒的头脑，避免犯低级错误。尤其是在竞争与日俱增的今天，公司决策稍有闪失，便有可能招致灭顶之灾。

（一）私营公司的 9 种非正常死亡

中国每年有上百万家私营公司倒闭，这个数字在全世界是最高的。特别是有的公司，已经积累发展到一定规模，前景看好，然而也倒闭了，个中缘由是什么？

不少私营公司在市场竞争中被淘汰，是一种正常的经济现象，但也有一些私营公司的倒闭，是一种非正常"死亡"，"死"得很怪。导致私营公司夭折的原因，需要好好研究。

1. 病死：早发现，早诊断

公司从诞生那天起，就开始了成长。但是，各种病症也会随之而来，能够自我医治、自我救助，才能起死回生。

1）内部机制不健全

公司从创立之初，就先天不足。主要表现为内部运营系统没有建立起来，老板疲于应对，扮演着"救火队长"的角色，公司最后终因自身先天缺陷而死掉了。

2）机制老化，丧失活力

主要表现为一切事情都按部就班，比如论资排辈、荣辱难共、毁誉相争、权益不公，等等。这样的公司失去了生命力，员工干什么都提不起精神，只有等待死亡的来临。

3）高层分裂，内讧严重

还有一种情况是公司发生高层分裂，导致内讧。那些有影响力的人宁做鸡头，不做凤尾，内讧不断。结果公司轻而易举地被对手各个击破，一命呜呼。

【防亏妙计】　人得了病需要及时救助，才能转危为安。公司也一样，一旦机体内部产生了病变，如果没有得到及时有效的治疗，久疾而终，必然病死。因此，老板必须早做诊断，而不能讳疾忌医。

2. 拖死：解决问题越早越好

有些企业在发展过程中虽然已经形成了一定的规模，但是由于各种原因，企业始终未能建立现代企业制度。管理不善，导致成本上升；分配不公，导致士气低落；企业没有创新能力，导致企业产品积压；职业经理人能力不足，导致企业资产流失严重。

如果上述问题迟迟得不到解决，那么公司必然会被拖垮，最后陷入万劫不复的境地。因此，一旦发现公司经营中存在的问题，就要提早解决，从而把损耗降到最低。

比如，老板如果发现有些业务拖后腿、不赚钱，那么就应该拿出魄力和手腕，果断处置。在行动过程中，正确辨析这些业务是关键。通常，拖后腿的业务包括：

不良资产业务。

没有利润空间的业务。

需要独立分拆发展的业务。

不能为顾客创造价值的业务。

不符合企业战略转移方向的业务。

非主营的而企业又无意扩张的业务。

受资源和能力约束企业无法经营的业务。

在产业竞争中，企业无竞争优势的业务。

企业出于上市、合并重组等特定目的需要割舍的业务。

老板应该有壮士断腕的勇气和决心，因为"放弃"，减少了对企业的很多压力和拖累，使它更有力量，寻找更好的机会来发展。为了轻装上阵，保住自己的核心业务，只能卖掉那些拖累企业发展的业务。

【防亏妙计】　从中国的实际来看，铁腕管理在有效性上要强于人性化管理。老板想治理好企业，必须硬起心肠，该出手的时候绝不手软，从而让企业活得更好。

3. 找死：选择一定要慎重

一个公司对项目的决策犯了一些常识性错误的时候，这叫作"找死"。比如，自己所选的项目与人才结构不匹配，与自己的实力不匹配，与自身的能力不匹配，与自己的文化不匹配。特别是再犯一些已经犯过的错误，那离亏损就不远了。

太平洋建设集团董事局主席严介和说："管理第一、经营第一的时代即将过去，而产业第一的时代很快将来临。无论是经营还是管理，都是可以复制的，并不具有绝对优势，但产业是无法复制的，所谓隔行如隔山。你在某个产业深耕的久了，别人再想进来，就要付出成倍的代价。公司最大的幸福，就是选对产业！"

在项目投资这件事上，选择做什么比怎么做更重要。老板如果不能保证选择正确，那么接下来投入再多的财力和精力，都无济于事。

对于项目选择，有哪些合理化的建议呢？

做资金周转快的行业。

选择成长性的行业。

慎选冷门行业。

选择库存商品少的行业。

选择需要人手少的行业。

【防亏妙计】　对项目判断不了，对自己也判断不了，以为自己什么都能做，这叫作"找死"。避免这种情况，老板最需要做的就是跟上市场行情，少犯低级错误。

4. 压死：远离巨额负债

盲目地扩张，贪多求大，不注重基础建设，不练内功，内部管理混乱，这是许多小公司普遍存在的现象。虽然自知效益低下，却还敢去大笔贷款，甚至不怕高息贷款，自己找来巨额负债，结果被压得喘不过气来，直到崩溃的那一刻。

因为债务危机倒下，这样的公司太多了。那么，老板应该采取怎样的应对之策，避免这种情形的发生呢？

减少不良的应收账款。

手头保持充裕的现金。

做贷款担保务必谨慎。

加大债权的清收力度。

防止产生呆账、死账。

【防亏妙计】　负债不可怕，只要有思路，有事业在，投出去的钱一定能赚回来。如果手中握着大把的钱，却不知道该做什么项目，没有投资方向，也就是钱花不出去，或者根本就不知道怎么花，这才是真的可怕。

5. 憋死：现金是最后的子弹

现金流状况的好坏是企业能否持续发展的另一口气，虽然企业还有资产，还有库存，但是一旦现金流中断，到头来企业还是要宣布破产。

老板不要因为现金使用问题琐碎就不想管，懒得管。要赚钱的话，投资者要算大账，更要算细账。

1）有足够现金才能在商机来临时大展宏图

在商业活动中，老板务必手头留有充足的现金，才能在机会来临时纵横捭阖、大赚一把。比如，遭遇经济危机的时候，那些手上有足够现金的老板，不但可以避免经济危机的冲击，还能收购那些处于危机中的企业，实现规模扩展，或者把优质资产纳入麾下。这都是"手中有粮，心里不慌"的例证。

2）现金是避免企业陷入债务危机的保证

不能及时筹措到必需的现金会对公司的盈利能力和偿债能力造成严重后果。会紧缩公司的变现能力和盈利能力，甚至使公司因资不抵债而破产。

固定资产投资过多，使公司的变现能力降低，导致资金沉淀；公司规模盲目扩张，缺乏相应的短、中、长期计划，都会导致公司发展的失败。因此，在超速发展过程中老板必须十分注意防范现金风险。

【防亏妙计】　在加强现金管理工作中，老板应发挥财务会计人员的作用，并争取得到银行的帮助。如果他们能够及时提供有价值的信息，那么老板就可以从中得到合理利用现金的好主意，这样就可以首先通过挖掘内部潜力解决现金不足的难题。

6. 猝死：客观决策才能避免损失

由于企业过分依赖个人能力，可供使用的资源往往又高度集中，一旦个人的判断力出现偏差，或是个人出了意外，必然使企业遭受重创，结果导致企业突然死亡。

1）头脑发热的时候不要作决策

沃伦·巴菲特曾说："在别人贪婪的时候恐惧，在别人恐惧的时候贪婪。"如果说，创业初期需要老板破釜沉舟、冒险一搏，那么公司进入发展阶段后，就要谨慎第一，不能头脑发热，忘乎所以，以致主观决策，盲目求快求大，使企业受到重大经济损失。

2）情绪不好的时候不要作决策

王石说过："万科之所以能走到今天，就是因为有稳定的心态，一步一个脚印。"老板身负公司发展的重任，要时刻保持清醒，保持舒畅的情绪，作出明智的决策，创造更高的价值。这里需要牢记的是：愤怒之下不作决定，固执之下不作决定，担忧之下不作决定，感性之下不作决定，忘我之下不作决定。

【防亏妙计】 有些企业之所以决策失误，造成严重的浪费现象，就是因为老板没有对决策内容本身进行客观的分析与论证，结果导致企业蒙受了巨大损失。正如韩国企业家李秉哲所说："企业家就是企划事业的专家。企业家的本领不在单纯赚钱上，而在于客观地企划有前途的事业，并坚定地实现其事业。"

7. 冤死：懂政治但不搞庸俗的政商关系

做企业离不开政治环境的影响。这种影响分两种，一种是积极的影响，能够推动企业健康发展；一种是消极的影响，会阻碍企业发展，甚至导致企业破产。

有的老板热衷于政治，却栽了跟头，其中的缘由值得反思。企业受政治因素的影响而冤死，这种失败太不值得了。为此，必须把握好下面两点。

1）巧用优惠政策赚大钱，不与宏观政策对着干

受政策调整的影响，企业投入巨资后没法干了，这种情况很常见。这是因为，所在行业的政策性太强了，一旦国家政策作出不利于企业的调整，造成的后果就是企业的死亡。

对此，老板不能与宏观政策对着干，必须研究政策，善用优惠

政策赚大钱。比如，部委、省（市、区）等制定的资金扶持政策，银行及金融公司融资贷款业务，都是企业可以借助的力量，关键是把握好火候。

2）别把政商关系庸俗化

老板与政府部门及相关人员打交道，是很正常的。问题在于，一些老板在操作的过程中出现了偏差，政企关系过于密切，把自己带上了绝路。

在此，老板要避免那些误区。比如，把对政府公关看成诡秘行为，过于注重和政府人员中的某位官员的交往，企业采用了不健康的沟通方式，过于注重维护企业的利益，等等。

【防亏妙计】　中国人自古就对政商关系有一种异样的情绪，这源于受历史上不健康的政商关系影响。老板一定要端正心态，发展正常的政商关系，千万别先入为主。

8. 老死：找到公司的长赢基因

由于老板的素质不高，眼光短浅，小富即安，缺乏远大目标和长远的眼光，许多公司不能随着市场的变化而及时调整产业结构、人才结构，很快就寿终正寝了。

基业长青，是每个老板梦想的事情，但是现实永远是残酷的。2005 年 7 月 1 日公布的首部《中国民营企业发展报告》蓝皮书显示：20 年来，中国每年新诞生的企业接近 15 万家，60% 的民营企业在 5 年内破产，85% 的民营企业在 10 年内死亡。

要避免企业过早地"老死"，必须做好下面两点。

1）找到适合自身的长赢基因

今天，人们耳熟能详的百年老店——宝洁（1837年）、福特汽车（1903年）、吴裕泰（1887年）、狗不理（1858年）等，经历了一代代管理者，仍是本行业中的佼佼者，广受企业人士尊崇。这些公司能够经受百年风雨而长盛不衰，离不开它们自身独特的长赢基因，比如创新、诚信、质量、变革、品牌、人才、模式、家族、科技等要素。显然，老板必须找到公司能够持续健康发展的大道，才能避免过早"老死"。

2）忘记做大，思考做强

许多老板习惯说："这个事情可以挣钱，我有资源，为什么不做？"但是，作决策不是拍脑袋那么简单，仅仅"要做"是不够的，还要考虑是不是"该做"——公司发展的长期战略目标是什么，是否有独特的能力优势，是否能建立公司的长期竞争优势。只有这样，你才能在"做大"面前保持清醒的头脑，专注于把公司做强。

【防亏妙计】　在今天全球化的背景下，单纯追求做大，而忽略了做强、做久的考虑，显然是一种战略上的短视行为。因为，即使是500强企业，也可能一夜之间倒闭，只有长寿企业才能不断站在新的起点上畅谈理想和未来，才能谈论"明天干什么"。

9. 捅死：管理好，公司兴

一份统计数据显示：中国有近3700万家经济实体，但有不同程度管理病症的经济实体却高达80%，约3000万家。

不少企业由于管理不规范，处处违法，毛病很多，授人以柄。一旦东窗事发，要么委曲求全，息事宁人，要么被人到处告状，此起彼伏，结果三告两告就被告垮台了。这样的企业即使再有远大目标、宏伟抱负，由于自身不规范，也只能是"壮志未酬身先死"。

中国有句老话，叫作"春生，夏长，秋收，冬藏"，说的是世间万物的发展总是在"生长"与"收藏"间相互交替。企业的发展也是如此，只重业务（生长）而轻管理（收藏），必然刚站起来又很快倒下去，甚至被市场迅速淘汰掉。

老板要注意从以下几方面进行管理。

1）管人

老板最大的本事就是能用人，用人又先要识人，眼光、手腕兼具，才智之士乐于为己所用。管理者首先要具备一定的识人技巧和原则，并把握好"人尽其才"的原则，才能打开局面。

2）管钱

经营企业，懂财务不一定行，但不懂财务肯定不行，老板如果认识不到财务的作用，失败是早晚的。中国的企业多，但规模小、效益差、生命周期短，落后的财务管理思想和方法是深层次的原因。

3）管事

方向确定了，就看执行的力量了，这就是做事。执行力是创造优秀企业乃至百年老店的必不可少的妙药。决战商场，赢在执行！高效执行，公司才能做强做大！

【防亏妙计】　管理好，公司兴；管理乱，公司衰。对公司的治理，要从老板自己开始，从公司的高管开始。上面乱了，整个公司都会跟着乱；上面顺了，公司整体运作才会一顺百顺。

（二）决策的王道：想清楚再实施

默多克曾一针见血地指出："一个强有力的公司不会设置几个委员会和一个董事会，然后事事必须请示董事会。你（老板）必须能自己做决定。"

一个错误的选择必然产生一个错误的结果。一个错误的决策对老板来说，不但可以导致企业产生严重的资源浪费，甚至还有可能使企业跌入衰落的深渊。

1. 避免决策发生重大失误

对于公司来说，决策的失误，是最大的失误。那么，管理者应该如何避免决策发生重大失误呢？

1）决策要有明确的目标

决策或是为了解决某个问题，或是为了实现一定的目标。没有目标就无从决策，没有问题则无须决策。决策的难点来自目标不清，目标不清往往造成在方案选择上摇摆不定。如果决策目标明确，按照目标的要求，哪个方案更好一些，决策者就会毫不犹豫地选择哪个方案。

2）多方案抉择是科学决策的重要原则

决策要有若干个可行的备选方案，一个方案不能比较优劣，也没有选择的余地，只有采纳，所以多方案选择是科学决策的一个重要原则。通过比较选择，可以坚定决策实施信念，碰到问题的时候，就会坚信方案是正确的，因为当初对方案进行了分析、比较、评价，只是在执行过程中出现了问题，可以继续努力克服困难，将方案继续付诸实施。

3）决策要进行方案的分析比较

决策时应进行方案的分析比较，对每个方案进行综合分析与评价，比较各方案的优劣，做到心中有数。很多时候决策的错误就来自于决策时心中无数，盲目作出决定，这使决策失去了理性思考和权衡的过程。

【防亏妙计】 决策过程受到各种主观因素的影响。对于同一个问题，不同的人有不同的决策结果，是正常现象。老板必须在听取各方意见的基础上分析判断，并作出正确的决策。

2. 项目好坏关系到盈亏

投资项目的选择，就是企业对盈亏的选择。项目选得对，就可以在节约资源的前提下获取利润。项目选错了，虽然投入了很多资源却得不到利润回报，就造成了严重的亏损。

所以，老板在选择项目时一定要有一套科学合理的标准。

1）市场结构

老板要了解项目的市场结构，包括现在和潜在市场的规模、经营者的数量、销售规模、竞争程度、购买者数量、购买者偏好、购买者对价格变化的敏感程度、产品的成本因素、分销渠道。

2）考虑项目的市场位置

最好是度过了萌芽期，这样才能比较平稳。而成熟的项目也不是好项目，等于是在成熟的项目里面"陪嫁"，没有风险议价，也就得不到风险"溢价"了。

3）市场的产品比较

如果项目在价格上有非常明显的优势，同时在产品质量上又不是很差，这就意味着该项目有很大的成功机会。

4）项目的控制性

控制性包括两个方面，一个是硬资源，一个是软资源。硬资源是生产所需要的原材料，如果是公司能控制的项目，这就是一个非常好的项目。另外一个就是软资源，很多市场都是人为控制的，如果能做好这个市场，那么会取得非常大的成功。

5）重视项目的成长性

一般来说，市场上显示商机的一个最重要的特征就是，市场已经开发了但是现有的供应商不能够满足市场，在这个时候公司介入进去，成功的把握是最大的。

【防亏妙计】 一些老板由于怀有比较高的热情和动力，因此对自己的所谓"创业项目"特别自信，甚至过于乐观，把创业的前景和未来想象得特别好。这样做就失去了冷静分析项目可行性的耐心，很容易匆忙上马，而败下阵的可能性也是很大的。

3. 削减决策成本的原则

决策就是对公司的生产、经营、管理等重大事情进行决断定策。决策需要丰富的知识和经验，需要把握市场和根据自己的实际情况来进行。决策失误是许多企业最后陷入无法挽回的败局的重要原因之一。

作决策时要遵守一些原则，才能避免决策失误。那么，老板应遵循哪些原则来增加企业决策的准确性、高效性和协调性，进而减少企业决策的失误，降低因为决策失误造成的成本损失呢？

1) 以市场为王的原则

企业在研究决策时，一定要结合市场实际，从市场需要出发，从消费者的需要着手。为此，决策要贴近市场抓机遇，其基本要求是：把握市场的规律进行决策，根据市场的变化调整决策，根据市场的趋势实施决策。

2) 实事求是的原则

决策，特别是重大决策的制订，必须经过深入、充分、全面的调查研究。没有调查研究，就没有市场发言权；没有调查研究，就没有企业决策权。这是一个基本的决策原则。当然，调查研究的方式、方法有多种多样。

3) 民主参与的原则

企业决策既要遵循决策的科学规律，又要遵循科学的决策程序。按照科学规律办事，是企业进行决策最起码的要求，违背了科学规律，企业决策就会失败。同时，企业决策还应遵循决策程序的一般要求。违反决策的科学程序，企业决策就很容易失误。

4) 目标明确的原则

目标性原则的内容是：确定企业一年、三年、五年或是十年的发展目标；以企业的长远发展目标来确定企业的战略决策方向，以企业的中、长期发展目标来确定企业战略决策的实质内容，等等。

【防亏妙计】 注意削减决策成本，企业才会少走弯路。需要注意的是，老板必须把握好决策的时机，不可因为过度求稳而丧失最佳时机，否则就会给自己平添许多绊脚石。

4. "掉头"意味着成本已经增加

在市场瞬息万变的今天，公司切忌盲目赶时髦，轻易"掉头"。否则，公司就容易陷入濒临倒闭的边缘。

1) 频繁掉头会迷失自我

小公司固然有"船小好掉头"的优势，但不能老是盲目地、不切实际地"掉头"。产品不定型、设备不配套、技术跟不上、销路打不开，那么，"船"就会在商品经济的汪洋大海中迷失方向，甚至有撞上礁石或卷进漩涡而沉没的危险。

2) 选对掉头的方向

公司应从本身的实际出发，依托当地资源优势，选准项目。即使在前进中遇到"顶头浪"，确实需要"掉头"的，也应该慎重研究制定决策，选准"航线"后再"掉转船头"，否则将得不偿失。

一旦选择"掉头"，那么以前的投入就有可能化为泡影，而这就意味着"新路"的成本已经在无形之中增加了。所以，对待决策上的变更，老板要三思而后行，因为你的每一步都关系企业的兴亡。

5. 决策者的致命弱点

对于企业来说，决策的失误是最大的浪费。因为它是事情的龙头，"头"开错了，难以挽回，一错皆错，资源将被白白消耗。因此，决策者要避免下列致命弱点。

决策不准。私营公司经营者没有决策力，或者"拍脑袋"决策，造成重大决策失误。

缺乏现代市场经营知识。私营公司经营者不懂经济规律，没有市场能力，在公司的市场行为中把握市场失误。

鼠目寸光。私营公司经营者为了短期利益，违背诚信原则，欺骗顾客，结果自断财路。

头脑发热。公司有一点规模以后，私营公司经营者就头脑发热，盲目扩张，结果一败涂地。

不善管理。有的经营者只会自己苦干，没有管理能力，致使公司人事不清，生产经营一片混乱。

故步自封。私营公司经营者取得一点成绩就不思进取，结果不进则退，被市场抛弃。

作决策时，碰运气的心理要不得。一个盲目的决策，一定不会产生什么良好的效果，反而会把公司引入歧途。

6. 成长中期杜绝六个盲目

公司初具规模，拥有了足够的资金周转实力以后，如何走好下一步，就成了老板案头的大事。与创业之初的情形不同，这时候的决策必须注意克服六个"盲目"。

1）决策盲目自信

由于缺乏健全的规章制度，没有严格的纪律，再加上员工数量少，往往会造成公司经营者大权独揽，盲目相信自己的判断，听不进别人的意见，有时在评价公司的市场地位时出现了偏差也不愿承认，导致决策缺乏足够的正确依据。

2）市场战略盲目

市场竞争激烈，许多刚创业的私营公司初入市场就会发现对手林立，不仅面临着大公司的排挤，还要和其他小公司抗争。一旦无所适从，就容易作出错误决定。

3）投资盲目分散

小有成就的经商者，有一种通病就是以为自己是万能的，总想在别的行业上也大显身手。殊不知，投资要专一，忌盲目分散。否则，就有可能竹篮打水一场空，原有的事业受到损害，新兴的项目有可能得不到任何收益。

4）产品盲目开发

公司的延续与其产品的生命力紧密相关。集中力量专门开发生产非标准化、非通用化、市场规模小、大公司认为无利可图的产品，才能取得成绩。否则，盲目开发新产品就会招致灭顶之灾。

5）技术盲目利用

这一阶段公司利用技术的目的是为了创业。如果技术利用得好，能使创业加快速度，阻力小一些；若技术利用盲目，创业会遇到来自各方面的阻力，很可能因此而失败。

【防亏妙计】　经营的成败，往往取决于其决策的正确与否。决策正确，公司的事业就能欣欣向荣；决策失误，则公司就可能落入"棋错一着，满盘皆输"的结局，陷入困境，甚至倒闭。

7. 决策的时机是胜负的关键

许多公司遭遇失败、陷入困境，是因为没有抓住决策的时机，致使决策不及时。一般来说，造成决策不及时的情况有如下。

职责不清。影响私营公司决策不及时的一个重要原因是公司没有明确的决策职责，该决策的人不决策，不该决策的人决策了却执行不了，或者根本无人决策。

判断不准。当大量信息袭来时，私营公司经营者需要作出有效决策时，对有用信息判断不出来，延误了决策时机。

决策的效率低下。决策者性格优柔寡断，该断不断，没有决断能力，在决策时"断"不下或者反复权衡比较时间太长，致使决策没有效率。

决策环节过多。一个决策的形成要经历十几道环节，召开几十个会议，层层请示，个个商量，结果坐失良机。

【防亏妙计】 老板没有把握决策时机，该断不断，造成公司生产经营失误，要找到影响决策不及时的症结，及时整改，全力提升对外部信息的感知与处理能力，扭转颓势局面。

8. 片面决策加大成本

决策活动是一个全面的、连续的过程，不能把它看成是一个孤立、片面的活动。如果决策不全面，就可能使公司生产经营被动，陷入困境。

一般来说，决策不全面包括以下几种情况。

片面决策，只考虑其中的一个因素，不考虑其他因素，顾此失彼。

决策不连贯，考虑了这一步而没有下一步。

死板，当外界条件变化时决策来相应地改变。

【防亏妙计】 扭转和克服决策不全面的问题，要从以下两个方面入手。第一，摸清情况，善于分析研究。第二，为了防范决策失误，要清醒地估计各种方案的风险程度，以及能承受的风险程度。

第五章

变革求生：
在创造性破坏中扭亏为盈

　　"创造性破坏"绝不应是管理者行有余力后才去做的事，它应该成为日常的、必不可少的管理活动。如果管理者没有关注"创造性破坏"，其他的管理活动都可能成为无用功，说不定哪个早晨醒来，管理者发现他的公司已经被市场彻底地"破坏"了。

（一）新经济下没有旧经济，只有守旧者

守旧无异于等死，改变观念就有了希望。陈旧的观念犹如等待死亡那样可怕，而新的观念则是充满希望的田野。

推动社会进步的往往是那些具有革新精神、敢于打破常规的人。而很多人不敢打破常规，所以，他们没有什么突破和进展，只有小小的蠕动。

1. 你的企业为什么走向衰落

当一个企业做大时，管理者最关心的问题就是如何避免企业走向衰落。其实，衰落是可以避免的，管理者要尽早察觉导致企业衰落的原因和轨迹。

1）狂妄自大

优秀的企业可能会变得故步自封。尽管企业的领导作出了糟糕的决策或是丧失了自律性，但企业原先积累起来的力量在短期内仍会推动它继续前进。当我们变得傲慢自负，认为成功是理所当然的，而忽略了最初成功的真正动因时，衰落就悄然降临了。

2）盲目扩张

对任何成功的企业而言，骄傲自满和因循守旧都是成功路上的拦路虎；盲目扩张更能准确地解释它们失败的原因。

3）漠视危机

管理者对负面数据总是半信半疑，对于正面数据则夸大其词，把模棱两可的数据都解读成好消息。当公司遭遇挫折的时候，管理者会把责任归咎于外部因素，而不是去承担责任。

【防亏妙计】 企业不会因为一出现衰落的迹象而马上分崩离析。企业也许犯过错，开始衰落，但只要管理者及时改正错误，你还是可以打造出一个基业长青的企业。

2. 体制弊病是亏损的元凶

本来私营企业的成长就要面临很多艰难与险阻，如果再患上体制弊病，那就很危险了。而中小企业患的体制弊病集中体现在以下几个方面。

组织结构方面：队伍过于庞大、官僚多、层级多，审批流程长而复杂。

信息沟通方面：陷入会议陷阱，议而不决，决而不行。

经营决策方面：要么过于民主，缺乏权威，不注重效率，无人敢拍板、敢负责；要么事无巨细全由总经理一个人说了算。

工作不分主次，不抓重点，好搞形式主义。

【防亏妙计】　体制弊病现在还困扰着一些企业，管理者的"双手"常因体制上的问题而遭到禁锢，这不利于企业执行成本的减少，反而会成为企业节约路上的绊脚石。所以，管理者要运用自己的能力去逐渐改进这种体制上的不足与方向上的迷失，并利用它成为减少执行成本的工具。

3. 初具规模，不可故步自封

企业初具规模，是发展还是维持现状？很多企业到了这一步时往往就显得迷茫，无所适从，这是管理者的思想理念转变的关键时期，也是企业的十字路口。其实，这时管理者应该毫不犹豫地做到以下三点，千万不能让"故步自封"的思想蒙蔽了眼睛。

1) 要发展求新，思变图强

进入新的一轮改革发展中，管理者不应该以过去的光环作为炫耀，要自觉地把思想认识从那些不合时宜的观念、做法和体制的束缚中解放出来，积极往前开发才是当务之急。

2) 必须要发扬奋发有为、开拓进取的创业精神

发扬奋发有为、开拓进取的创业精神，就必须摒弃安于现状、随遇而安的思想，坚持居安思危，始终保持忧患意识。

3) 要有多变的攻防策略

有道是"好汉不提当年勇"，原有成绩毕竟已是过眼烟云，变化多端的形势带来了严峻考验，没有多变的攻防策略，你的企业就难免会陷入处处掣肘的窘地。

【防亏妙计】　企业只能加快发展，而不能故步自封。让企业的每一个员工都迅速行动起来，积极投身于新一轮的改革发展浪潮，为企业率先进入和谐发展的快车道作出应有的贡献！

4. 重视经验，还要打破经验

聪明的商人重视经验，但并不依赖经验，有时候甚至打破经验。而要想打破经验，首先就要了解市场的变化。

1）社会发展趋势的变化

社会环境方面的变化可打破传统习惯、追求及生活方式，影响人们对穿着款式、业余爱好，以及对产品与服务的需求。

2）消费者心理的变化

时代在前进，大家的消费心理也会发生很大的变化，生产经营过程中，必须考虑到消费者心理的变化。

3）生产营销活动必须考虑顾客的个性化需要

许多私营企业在生产销售的时候不能理解这一点，他们只按照自己的想法去制造产品，结果陷入了商品滞销的境地。

4）科学技术的发展。

一种新技术的出现和成熟可能会导致一个新兴行业的产生，同时，也可能导致一个行业被替代。为此，企业需要警觉那些将面临的挑战，这样才不至于错过时机而被淘汰。

5）新的管理理想、方法和信息化技术等

如今，多媒体技术的发展日新月异，网络销售成为主流。今日头条、拼多多、快手、抖音等新的业态成为不可忽视的营销渠道。这一点我们不能不关注。

【防亏妙计】 经商绝对不能过分地依赖经验。不能因循守旧，画地为牢。而要善于随着市场的变化而变化，甚至掌握先机，在变化之前就灵敏地"嗅"出未来发展的动向，先别人一步做好准备，这样才能使企业获得别人无法获得的利润。

5. 路走不通，就换个方向

毫无疑问，不管什么样的企业，在发展过程中总会碰到许多走不通的路，在这个时候，身为企业的管理者，就应当换个角度考虑问题，重新操作。

1）懂得随机应变

我们必须适时改变企业的生产内容和方式，必要的时候要舍得付出大的代价以求创新。只有如此，才能保证企业永远以一种崭新的面貌来参与日益激烈的市场竞争。

(2) 要有眼光

一个真正的企业领袖不仅要有经营管理的才能，更需要商业预见能力。正如杜邦第六任总裁皮埃尔所言："如果看不到脚尖以前的东西，下一步就该摔跤了。"的确，在日趋激烈的商业竞争中，如果没有一定的眼光，不能作出比较切合实际的预见，那企业是很难发展下去的。

【防亏妙计】 优秀企业的习惯是：如果这条路不适合自己，就立即改换方式，重新选择另外一条路。

6. 变革，首先是思维的改变

变革，首先是思维的改变，这样才能够站得更高，看得更远。

1) 思维转换的首要因素：放远眼光

思维转换的首要因素是放远眼光创新管理。在当今的市场经济环境下，要放远眼光，企业再大也是小，市场再小也是大。

2) 管理者要学会重视差异

管理创新要求管理者有宽广的胸襟，能容忍差异，进一步能重视差异，利用差异。

3) 光靠一个人的单脑管企业是不够的

当今社会是一个信息化的社会，光靠一个人的单脑是不够的，应是人脑加电脑（电子商务、电子政务、网络信息等）、内脑加外脑（集思广益，多听取不同人的声音）、左脑加右脑（逻辑思维和直觉思维）综合灵活地运用。

【防亏妙计】　管理在创新中的作用是异常重要的。然而，现实生活中忽视管理创新的企业比比皆是。运行良好的企业一定是创新管理顺畅的企业，这样的企业当然不需要外人的指点。

7. 改革的关键是"改"人

每一个企业都是由员工组成，一个企业想要改革成功，首先就要培养出企业需要的员工。

那么，企业到底应该如何培养员工呢？

1）培养员工的主人翁精神

主人翁精神实质是一种责任感。员工只要有了主人翁精神，就会做事主动、勤勉、顾全大局。

2）培养员工改革创新的精神

改革创新精神实质上是一种勇于自我否定、自我超越的精神。员工只有敢于不断否定自我，才能不断发现和改正自己存在的错误和弱点，使自身不断得到提高和完善，从而在竞争中立于不败之地。

3）培养员工公平竞争的精神

制订竞争上岗、竞聘上岗、岗位绩效考核等一系列制度，为广大员工提供更加广阔的发展平台。

4）培养员工诚实守信的精神

要切实把诚实守信作为一种品质和能力来锤炼。要把诚实守信作为自身职业道德的立足点，切实把诚实守信融入工作的各个方面，自觉培养诚实守信的观念，忠于自己的职业，信守自己的承诺。

5）培养员工团结实干的精神

团结就是围绕中心，服务大局，做到步调一致；就是能够和谐共处、同心同德干好工作，能够和有不同意见的同事共同工作，相互配合、形成合力。

6）培养员工追求完美的精神

就是要求员工把事情做细、做实、做到位，努力把工作做得尽善尽美。

7）培养员工主动学习的精神

当前，科技进步、社会变革的周期越来越短，不学习就意味着被淘汰。作为从业人员，只有通过不断学习，才能更好地适应工作需要。

【防亏妙计】　磨刀不误砍柴工，企业要想改革好，关键在于"改"人，因为，只有优秀的员工才有较强的执行力。

8. 大胆进入新业务领域

是不是需要开辟新业务？是应该开辟这个新业务，还是应该开辟那个新业务呢？如何才能够成功地进入新业务呢？这些问题都是企业管理者在企业发展进程中常常遇到的。而要想解决这些问题，就必须高度重视以下三个方面。

1）下大力气做强主业

企业经营应建立在依靠自身资源和能力基础上，首先要下大力气做强主业。只有做强主业，企业才能真正拥有从事新业务领域的能力和优势，新业务领域的开发才能建立在可靠的基础之上。

2）有选择地进入少数行业

通用电气公司有一个"数一数二"原则，对企业业务中不能达到"数一数二"水平的坚决予以分拆出售。这是保持通用电气公司竞争优势和良好绩效的明智之举。

3）要确保原有业务和新业务之间的资源共享

进入新的业务领域不仅需要投入大量的资金，更为重要的是需要提供技术、制造、销售渠道和管理能力等方面强有力的支持。因此，企业现有业务有没有形成竞争优势及这种竞争优势能否有效地延展到新的业务领域，是决定新业务能否顺利发展的关键因素。

【防亏妙计】　一个企业进入一个陌生领域，在制订战略时，专业知识并不重要，关键在于摸清基本规律。

9. 要整顿就必须全面整顿

企业的全面整顿，要以端正经营方向、提高服务质量、提高经济效益为中心，着重抓好以下几项工作。

1）整顿经营思想和经营作风，端正经营方向，提高服务质量

企业的经营思想和经营作风是关系到企业能否坚持正确方向的根本性的问题，一定要认真解决好。

2）建立和完善经营责任制，加强经营管理，提高经济效益

建立和完善企业经营责任制，是整顿企业的关键一环。

3）整顿财务管理，健全财务制度

通过整顿、健全财务制度，加强财务管理，堵塞一切漏洞。要坚决纠正和制止商品流通中的不正之风，表彰那些廉洁奉公、遵纪守法的好员工。

4）整顿和加强劳动纪律，严格奖惩制度人

很多企业中，劳动纪律、奖惩制度松弛的情况相当严重，必须切实加以整顿。

5）整顿和建设好管理层，加强思想政治工作

整顿企业的关键，是整顿和建设好一个管理层。要自始至终抓好管理人员的思想整顿，对于软弱涣散和不正之风等突出问题，应当在整顿过程中得到解决，以增强团队战斗力。

【防亏妙计】 当企业总是亏损之时，你就要好好地整顿了，而且，要整顿就必须全面整顿。

10. 背负沉重的包袱怎么办

企业有时陷入困境，只需通过加强某一方面的小小努力，即可摆脱困境，但企业有时陷入严重的困境之中，或者即使危机不那么严重，但采取小的措施不足以摆脱困境，那么企业就得让没有经营前景的子公司"死"去，即所谓"舍车保帅"。这样做至少可以获得几个方面的好处。

改善企业的资产和债务结构，提高企业资信等级。

迅速盘活资金，加速资金周转。

改变企业的产业结构，为企业改变投资和生产经营方向提供了有利条件。

发展和壮大企业适应市场需要的产品生产，使企业优势得到充分发挥。

【防亏妙计】 当公司陷入困境时，对于亏损的子公司分别或部分采取出卖的"舍车保帅"策略，大有好处，是企业扭亏为盈的途径之一。

11. 推陈出新，基业长青

那些超级长寿公司是如何战胜时间的？哈佛商学院的教授大卫·丹尼尔认为："这些企业都具备两个条件，一是顺利完成了一代又一代的企业领导交替；二是能够跟上时代，在坚持传统的同时，为了让自己的产品和管理都不至于落伍，进行了大量创新活动。"

尤其是当公司发展遇到瓶颈的时候，推陈出新、大胆变革是唯一的出路。变革，可能会有阵痛，但是只有主动承受这种痛苦的裂变，才不会走向毁灭的深渊。

历史上的百年老店之所以走过了漫长的道路，离不开它们推陈出新的变革精神。下面，就以馄饨侯、老凤祥为例，看看其创新的价值所在。

1）变革创新，赢得市场

"馄饨侯"的老经营模式是：每个职工擀皮、做馅、吊汤、服务样样都能干。现在是按岗位定人，擀皮、包馅就管擀皮、包馅，煮就管煮，服务单管服务。过去是顾客买牌，自己到柜上去端馄饨，现在是服务到桌，吃后算账。这些都适应了新时代的市场竞争需要。

2）创新的公司才有生命力

百年老店老凤祥之所以具有生命力，离不开"营销创新、技术创新、管理创新、机制创新"。老凤祥一方面努力以良好的信誉、精湛的技艺、优质的产品和热忱的服务来赢得广大消费者的信赖；另一方面积极探索首饰业新材料、新产品、新技术和高附加值的"三新一高"之路，取得了经营业绩和品牌建设的双丰收。

【防亏妙计】　创新是公司发展的根本，一个发展了五年的公司没有创新必然走向衰落，一个销售了三年的产品没有创新必然走向死亡，这是基本的规律。"创新"是一切企业兴旺及长寿的源泉。

（二）最根本的是变革管理方式

导致企业失败的因素多种多样。统计数据表明，导致企业失败最多的因素还是来自企业自身方面的原因，企业的危机首先是管理上的危机，企业的失败多是管理上的失败。

企业面临亏损的时候，老板最需要反思自己的管理方式，一旦发现问题，就要主动变革，推动企业完成新的跃进。

1. 变经验管理为科学管理

经验管理、科学管理、文化管理是企业管理现代化的三部曲。

尽管实现文化管理是当今企业的趋势，然而对当前我国的大多数企业而言，当务之急不是登上文化管理的台阶，而是变传统的经验管理为科学管理。

通过科学的观察、记录和分析，致力于"时间动作研究"，探讨提高劳动生产率的最佳方法，制订出合理的日工作量。

挑选和培训一流的员工。所谓一流的员工，是指适合某种工作并且愿意努力工作的员工。

要使员工掌握标准化的操作方法，使用标准化的工具、机器和材料在标准化的工作环境中操作。

采用激励性的工资报酬制度激励员工努力工作。这主要通过制订合理的工作定额，实行差别计件制，即完成任务的支付正常报酬，未达到标准的低酬，超标准的高酬，以及根据工作表现衡量等基本措施实现。

把计划职能和执行职能分开，以科学工作方法取代经验工作方法。

实行职能工长制。一个工长负责一方面的职能管理工作，细化生产过程管理。

管理控制中实行例外原则。即日常事务授权部下负责，管理人员只对例外事项或重大事项保留处置权。

【防亏妙计】　科学管理内容很多，实现科学管理的途径也很多，但最终目的是提高劳动生产率。

2. 变粗放管理为精细管理

精细化管理是超越竞争者、超越自我的需要，是构筑流程卓越型私营企业的需要。今后的竞争将是精细的竞争，私营企业只有在每一个精细环节上做足工夫，建立"精细优势"，才能真正保证基业长青、持续经营。精细管理具体体现在以下四个方面。

1）精细管理是一种理念

精细管理是建立在常规管理的基础上，并将常规管理引向深入的关键一步。精细化管理就是要求把每一项工作都抓细、量化，有利于落实到行动中。

2）精细管理是一种意识：差之毫厘，谬以千里

精细的管理者要始终保持一种"差之毫厘，谬以千里"的危机意识，通过这种意识的培养，造就善于把握机会的能力。

3）精细管理是一种态度：事事认真、时时认真

围绕公司精细化管理的目标和要求，做到超前半步，并制订积极的预防措施，确保职责清晰，责任落实。

4）精细管理是一种能力：洞察秋毫、一叶知秋

作为一名管理者，必须能够把复杂的事物进行细分，并有能力通过其中的细节找到整体的规律。

【防亏妙计】　精细管理不是挂在嘴边的口号，不是简单的一种行为，而是一个企业、一个组织综合能力的体现。

3. 变命令管理为制度管理

企业管理制度的制订要依照企业自身的实际情况进行，制订制度的目的是让企业更加高效、稳定地运行，但由于每家企业在行业、组织结构、人员结构等各方面都存在着差异，所以世界上没有任何一种管理制度适用于所有的企业。不过，制度管理的内容大同小异，主要包括以下三个方面。

1）企业行政制度化管理的目标

企业行政制度化管理的目标是促进企业整体优化。企业整体优化的内涵包括：企业内各种有形资源的优化、企业内各种无形资源的优化、有形资源与无形资源的配置优化。

2）企业行政制度化管理的对象

企业行政制度化管理的对象是企业和企业行政管理人员的行为。企业行为是企业确定目标及实现目标的各种行为方式的总和。

3）企业行政制度化管理的手段

企业行政制度化管理的手段是由各种形式的制度规范组成的制度体系。要实施制度化管理，必须用有效的手段。

【防亏妙计】　管理中，制度的力量是惊人的。靠人性的自觉、靠说服教育、靠他人的监督都解决不了的问题，靠完善的制度却能完美地解决。

4. 变指标管理为目标管理

任何指标都是暂时的，只是一种参考。对管理者来说，用目标引领大家前进，才更有效，更能激发大家的热情和干劲。

概括起来，目标管理具有以下优点。

通过鼓励员工个人制订具有挑战性而又切实可行的目标，可以提高员工的工作积极性和绩效，而且在目标实现后，能使员工产生成就感和满足感，使员工的士气能够持续高涨。

在目标的指引和限定下，员工能够准确地掌握自己的岗位责任，从而明确对自己的要求，使工作做到有的放矢，还能够在一定程度上促使员工有意识地弥补自身知识结构的缺陷，为职业发展作进一步规划。

在整个企业系统内制订目标和绩效标准，通过经常性地考核，明确企业对每个人的要求，有助于促进计划的协调和实现。

有了目标管理，部门和岗位的工作任务和完成任务的标准、时限等都实现了透明化，上级能够公正准确地考核其下级的绩效，有利于人才的培养和工作积极性的调动，也有助于实现薪酬管理的公正性。

【防亏妙计】 虽然目标管理有一定的功效，但它也存在自身的缺点。管理者在制订政策和实施目标管理的过程中，必须充分认识到目标管理的缺点，适时采取适当纠偏措施，以保证目标管理的功效。

5. 变机器管理为人本管理

在"十来个人七八条枪"的创业时期，创业者与员工同吃同住同劳动，知冷知热，情同手足，推心置腹。可是，当企业成长壮大之后，企业管理者与雇员的矛盾却日益突出甚至尖锐起来。

为了保持企业的持续发展，这时候，管理者最应该做的是稳定人心，而要稳定人心，必须确立"以人为本"的管理理念和文化，千万别把员工当做冷冰冰的机器人。

变机器管理为人本管理，可以从以下几个方面着手。

明确企业共同的价值观，勾画企业发展的远景蓝图和目标，让员工与企业共同成长。

引入"人力资源"和"人力资本"的管理理念，建立适当的薪酬绩效考核体系，逐步形成一个高效的管理团队。

学会"激励的艺术"，研究并发现员工的不同需要，实施"差别激励"。

注意倾听和沟通，沟通从"心"开始。

着手进行企业文化的培育和建设，增强企业的凝聚力和向心力。

注重关键岗位的人才招聘、培养、选拔和储备。

【防亏妙计】　人本管理的核心提炼为三句话，点亮人性的光辉、回归生命的价值、共创繁荣和幸福。这就是人本管理的精髓与最高宗旨。

6. 变细节管理为系统管理

许多企业管理者学习细节管理，研究精细化管理，但在实践中做得并不好，一个重要原因是忽视了系统管理。显然，拘泥于某个细节，而忽视了整体，那么这种细节管理的价值就会大打折扣。

同样的道理，引入其他管理工具或管理技巧，如果没有结合系统管理思想，那么也难以收到预期的效果。

概括起来，系统管理理论要点主要有如下。

企业是由人、物资、机器和其他资源在一定的目标下组成的一体化系统，它的成长和发展同时受到这些组成要素的影响，在这些要素的相互关系中，人是主体，其他要素则是被动的。

企业是一个由许多子系统组成的、开放的社会技术系统。企业是社会这个大系统中的一个子系统，它受到周围环境的影响，也同时影响周围环境。

运用系统观点来考察管理的基本职能，可以提高企业的整体效率，使管理人员不至于只重视某些与自己有关的特殊职能而忽视了大目标，也不至于忽视自己在企业中的地位与作用。

【防亏妙计】　系统管理理论将一般系统理论应用到企业管理之中，运用系统研究的方法，兼收并蓄各学派的优点，融为一体，建立通用的模式，以寻求普遍适用的模式和原则。系统思维的要领是通看全局。

7. 变资本管理为文化管理

企业发展壮大，需要资本的支撑。有了资本的意志，才有了对利润的追求，才有更多的投入和产出。

但是，在人性化管理阶段，单靠资本的意志已经不足以带动企业的持续发展，也无法为企业找到管理的动力，这时候管理者必须从文化那里寻找智慧。

1）把企业看成"人的组织"，是培养人性的学校

传统上把企业看成生产产品的地方，充满机床设备等物化的东西。而从文化的角度看，企业管理者在市场经济中面临两种使命——赚取利润和培养人性，更重要的使命是培养员工的文化素质，增加其对企业价值观的认同。

2）"外圆内方"式管理

外圆指通过文化来实行好的管理，内方指制度的内化，慢慢把制度演变为一种习俗。文化管理很好地诠释了制度与文化的关系。文化管理寻找的是一种中性的智慧，一种中性的管理理念。

3）重视感情和价值在管理中的运用

以前的管理强调要什么、不要什么，员工很被动。而文化管理通过感情、价值观的渗透，使员工变被动为主动。

【防亏妙计】 文化管理是人本管理的最高层次，它通过企业文化的培育，来实现文化管理模式的提升，使员工形成共同的价值观和共同的行为规范，进而成为"企业人"。

8. 变临时管理为趋势管理

过去的企业与未来的企业在客观上存在本质的不同。企业的存续依靠的不再是所有权与控制权，而是基本的策略。有一种方法，可以帮助管理层平衡目前的绩效与未来的期望，这就是趋势管理。那么，具体应该怎么做呢？

1) 由追求利润最大化向追求企业可持续成长转变

把利润最大化作为管理的唯一主题，是企业夭折的重要原因之一。在产品、技术、知识等创新速度日益加快的今天，成长的可持续性已经成为现代企业所面临的比管理效率更重要的课题。

2) 信息技术改变企业的运作方式

信息技术的发展和应用，使业务活动和业务信息得以分离，原本无法调和的集中与分散的矛盾也得以解决。企业通过整合，能够实现内部资源的集中、统一和有效配置。借助信息技术手段，企业能够跨越内部资源界限，实现对整个供应链资源的有效组织和管理。

3) 企业管理创新成主流趋势

我国企业在深化改革和管理创新方面，不断倡导创新精神、激发创新意识、引导创新方向、鼓励创新行为、提升创新能力，已成为主流方向。

【防亏妙计】 只要你肯用心思去思考未来，成功概率便多几分，若能抓到重大趋势，便能赚得巨额利润，成为大赢家。

公司失败研究

公司亏损倒闭是怎么造成的

第六章

思危不败：
多思考失败，把损失挡在门外

从经济学的角度来说，预防所需要的成本是最低的。最积极的预防，也比最简单的补救轻松易行。在当今这个竞争的时代，没有无风险的利润，经营风险永远是和公司并存的。因此，思危才可以不败，这是老板远离亏损的必修课。

（一）规避风险就等于杜绝亏损

在当今这个竞争的时代，没有无风险的利润，经营风险永远是和公司并存的。因此，规避风险对企业来说就显得至关重要。因为市场形势更加复杂，竞争更加激烈，对那些进军国际大市场的公司而言，积极规避风险更是生死存亡的大事。

一个企业能不能在市场竞争中生存下来，乃至取得卓越的成绩，完全依赖于老板的开拓意识和对危机的体察能力。老板要善于洞察危机的预兆，做到未雨绸缪。生意好的时候，要想想自己曾经的艰难，想想如果此刻出现挫折，应该如何应对。

1. 风险社会，不迷信市场

在风险社会中，所有的危机都是未知的，企业要想不因亏损而灭亡，就必须拥有应对不可预知风险的本领，而不能一味地迷信市场。

1）树立危机意识

企业老板在作出任何一项决定的时候，都需要分析利弊。确定给企业带来的伤害是暂时的还是潜在的，做到心中明明白白。

2）打造金字招牌

企业的产品或者服务可能在一次危机中出现问题，但是，如果企业能够拥有比较好的品牌，就可以利用品牌效应渡过危机。

3）得人心者得天下

面对危机，在企业资金短缺的情况下如果员工对企业有很好的归属感，那么其就会自觉地为企业着想，要么自动提出减薪，要么请求停薪留职，帮助企业渡过危机。

【防亏妙计】　这个世界，好事不会永远围着你，获利的机会也是有限的，重要的是要有清醒的头脑，能够觉察危机的先兆，具备应对危机的能力。

2. 规避风险是一种防亏策略

商局中变幻迭出，各种情势接踵而至，把握此间的情势是必须的，想"大风临于前而不动"，则是需要有一些气魄的。商战者必须对全局了然于胸，对未来之势亦把握到位，方能立足于定，从长远、全局的角度来解决问题。

美国有一家名为 Xr 的公司，其经营规模并不庞大，但在拉丁美洲不少国家的形象很好。该公司十分重视结合公司自身经营特色来规避经营风险，其中包括一项颇为成功的让当地雇员也享受利润的计划，使当地雇员及家属都成了公司的特殊"辩护人"。该公司还规定其销售的产品至少应有 40%购于当地制造厂商，有的甚至达到了 80%，结果当地有多家供应商的生存依赖于该公司的业务开展情况。Xr 所运用的就是一种典型的风险转移策略。

国际市场大无边，各领风骚在一方。各类企业在寻找和开拓国际大市场中，各有自己的优势和劣势。企业只有比大公司更好地扬长避短，才能在国际大市场上抢占商机，决胜千里，实现做强、做大、做优的目标。

【防亏妙计】　事后控制不如事中控制，事中控制不如事前控制，可惜大多数的事业经营者均未能体会到这一点，等到错误的决策造成了重大损失时才寻求弥补。所以，经理人要有事前控制的眼光和能力，从而力避可能出现的危机，"治病于病情发作之前"，这样才能避免陷入危机，造成全局性浪费。

3. 把每天都当作危机日

为什么当年名噪一时的"孔府家酒""三株""秦池古酒"等品牌都已烟消云散，退出历史舞台？为什么沃尔玛、通用等国际企业却能长存？一切源于危机感！来自外界的危机感，来自自身的危机意识！企业的危机意识，说到底就是企业管理者与员工的危机意识。

华为总裁任正非说："十年来我天天思考的都是失败，对成功视而不见，也没有什么荣誉感、自豪感，而是危机感。"他的这句话也告诉很多老板，一个企业的成功需要有忧患意识。

经济学家魏杰曾经有过一个预言："这是一个大浪淘沙的阶段，非常痛苦，我估计再过 10 年，现在民营企业 200 个中间有一个生存下来就不简单，倒闭的倒闭，成长的成长。"

在谈到微软发展时，比尔·盖茨认为"微软离破产永远只有 18 个月"，告诫管理层居安思危，要有忧患意识。

【防亏妙计】　诺基亚总裁兼 CEO 康培凯说："对于一个企业，只有树立正确的危机观，'把每天当作危机日'，并建立适合企业的危机处理系统，这样才能提高效率，最大限度地节约公司的资源，才能在危机来临时从容面对，化危机为转机，在市场竞争中立于不败之地。"

4. 警惕公司可能出现的隐患

身处瞬息万变的社会中，公司应该求创新，加强应变能力，居安思危。李嘉诚在对后辈企业家的寄语中写道："你的市场必须要靠自己建立起来。"由此也说明了他的观点——企业的生死不是由市场决定的，而是由企业家本人左右的。一个商人能不能在市场竞争中生存下来，乃至取得卓越的成绩，完全依赖于商人是否具有开拓意识和对危机的体察能力，是否能及早采取防范措施。通常，这些隐患主要表现为：

故步自封，停滞不前。

基层员工不合作，管理人员不团结。

各种各样的公司短视行为未能得到及时纠正。

未能找到产品滞销、公司困难的真实病因。

未能及早觉察财务情况的滑坡变化，拖欠太多，三角债互相拖死。

市场竞争充满了各种利益纷争和不确定性等隐患，经营者要从思想上对此有深刻的认识，才能防患于未然，即便遭遇危机也能化险为夷。因此，管理者要洞悉市场行情，并顺势而为，不能过分迷信自己而一味对抗市场。

【防亏妙计】 "物竞天择，适者生存。"这一自然界的生存法则也适用于市场竞争中的商业经营。任何一家店铺，不管曾取得多少骄人的业绩，如果不能继续适应不断变化的市场，那么仍然会遭遇失败和困境，最终被市场淘汰。

5. "大意失荆州"的四种情形

危机往往是在事物表面平静时就开始酝酿的。如果不能及早发现迹象，危机必然会接踵而至。因此，一旦发现端倪，看出了征兆之后，就要果断采取措施。

事实上，世上万物都不是孤立存在的，相互间总有着千丝万缕的联系。只要把握这些联系并仔细观察，就会找到危机发生前的一些征兆。因此，凡事都要早做准备，以避免危机到来后束手无策。在此，老板要特别警惕以下几种情况。

视而不见。对于已经出现的一些危机征兆麻木不仁，没能引起应有重视，而是放任不利因素的发展。

对问题严重性认识不足，忽视了问题发生后的潜在影响，以至于坐失良机，结果未能及时控制局势。

缺乏敏捷应变的思考能力。面对危机的出现，手足无措，一筹莫展。

认识问题偏执，仅仅只从一个角度去思考问题，遇事只往好处着想，不去考虑不利的一面。

【防亏妙计】　公司在市场竞争和经营管理中，应及早发现危机端倪，针对可能出现的危机，在思想上强化防范意识，并且具体、详细、妥善地安排切实可行的防范措施，就可以做到有备无患，防患于未然。

6. 成熟行业的战略隐患

一般来说成熟行业的战略隐患主要表现在以下六个方面。

1）感觉的陷阱

成熟行业中的公司会逐渐形成对其自身及其相应潜力的感觉或形象，这些感觉和形象会在形成其战略基础的明确假设中反映出来。

2）现金隐患

在一个成熟的、增长缓慢的行业内，一些投入更多现金以提高市场占有率的想法，常常是带有冒险性的。

3）为了短期利润而放弃市场占有率

在利润压力下，有些公司为了短期利润而放弃市场占有率，这种做法又反过来损害未来的市场地位。

4）对行业惯例的不合理反应

行业惯例的变化，诸如营销技术、生产方法，以及经销合同性质之类的变化，往往是过渡时期不可避免的。

5）过分强调创造性

成熟阶段往往意味着新产品和新应用是较难获得的。

6）生产能力过剩

由于生产能力超过需求的缘故，或是因为在成熟的行业内进行竞争所需的工厂现代化不可避免地导致生产能力的增长，某些公司具有一些过剩的生产能力。

【防亏妙计】　在成熟的行业内，如果规模经济具有重大意义的话，那么在过渡时期不乐意去接受那些较低的利润就可能是严重的目光短浅。当行业进入过渡时期，必然会出现一段较低利润的时期，要避免作出过分的反应。

7. 制订预案，应对突发事件

企事业单位在应对自然灾害、事故故障等紧急情况时，按照预定方案实施，统一指挥，各部门协调分工，进行应对，否则将会被其所带来的负面效应"拖垮"。

2000年3月，诺基亚和爱立信芯片的重要供应商飞利浦公司一座半导体工厂发生了一场火灾，诺基亚的公司高层在大火意发生外后，马上成立了一个危机处理小组，迅速做出了紧急预案，针对这一情况展开补救行动。

爱立信则反之，管理层并没有足够重视，似乎没有人认为这场火灾有什么了不起。然而到了3月底，芯片厂仍无法正常运作，直到4月初，爱立信才发现此事非同小可，但已束手无策。

由于对危机反应迅速，诺基亚的原料供应及时，手机生产基本上没有受到太大的影响。但爱立信却因芯片短缺而遭遇重创，由于反应迟缓而造成的 4 亿美元的损失却再也无法挽回，当年爱立信手机部门总共亏损 16.8 亿美元。

当时，诺基亚从爱立信的手中抢夺了 3% 的全球手机市场份额。2001 年 1 月 26 日，爱立信宣布退出手机市场，这无疑是将制造手机的丰厚利润拱手让人。

【防亏妙计】 对大型企业来说，牵一发而动全身，小小的危机往往酝酿成巨大灾害。因此，平时做好危机预案就成为一种必需了。这种预案的制订，需要多方准备、统筹规划，并有一定的预算资金作为支持。

8. 冲动让公司一败涂地

做生意要尊重商业惯例，另外还要尊重数字、尊重科学。实际上这不是一个靠头脑发热能做好的事情，而需要用比较冷静的头脑来对待。企业不仅需要做大做强，更需要做久，做出自己的特色。

企业家步某趁着改革的浪潮一跃成为闻名遐迩的新闻人物，然而"创业难，守业更难"，在海盐衬衫厂一帆风顺的发展中，一次决策的失误使工厂的发展滑出了正常的轨道。

1984 年，中国刮起了一股"西服风"。最初步某只是生产领带，后来在和上级部门的一次谈话中，前后不过两个小时，就冲动地决定要办西服分厂，他在作出决策之前并未对市场进行科学分析，也未对本厂的技术和生产实力进行实事求是的评价。而且不顾各部门员工的反对，迅速做了一份申请报告送到了省主管部门，有主管部门出于扶植先进的"好心"，又往上加了码。

无奈好景不长，国家由于宏观经济过热而不得不采取紧缩政策，银根紧缩，并开始控制基建投资规模。与此同时，市场也发生了微妙的变化，原来异常走俏的西服也出现了滞销现象。此外，西服滞销也严重影响了领带的销售，而代销另一厂家的领带，又使步某平白损失了22万元。

【防亏妙计】 一些心理学家表示，冲动行为是一种司空见惯的强力反抗行为，是强烈愿望的一种表达形式。冲动越强烈，结果可能越与你希望的方向相背离。所以，作为公司管理者，一定要改掉做事情冲动的习惯，热点问题要冷思考，短期效益要服从长期效益。

9. 不知深浅，切莫贸然涉足

柳传志曾经说过："一个企业进入一个陌生领域，在制定战略时，专业知识并不重要，关键在于摸清基本规律。"公司要有效防止由于行业变化而引起的风险，就要对行业的状况有详细的了解。《孙子兵法》说："知己知彼，百战不殆。"只有对整个行业有详细的了解，才能够制订正确的发展规划，作出正确的决策，进行有效的生产，经营活动才能有长足的发展。分析行业状况，主要从以下方面着手。

在某一个行业内，如果公司特别多，说明这个行业的容量已基本饱和，如果进入这个行业，面临的将是残酷的竞争，一旦行业出现大的波动，那么整个行业内的公司将都会受到影响。

公司规模同样是分析行业状况的重要因素。行业内的公司规模都很大，那么这些大公司就拥有各种优势，不能跟这些大的公司竞争，尤其是那些"航母型"公司，它们甚至在一定程度上垄断着整个行业。

进行行业分析还必须了解该行业的行业规范，有许多行业发展已基本成熟，有统一的行为准则和竞争规则，自律性较好，发展比较平稳，私营公司进入这些行业，只要经营有方，肯定能有很大的发展。

【防亏妙计】 私营公司要在生产、经营过程中对行业状况有详细了解，才能作出正确的决策，不因为行业波动，出现危机而累及己身。

10. 组合经营，分散投资风险

麦肯锡芝加哥办公室的总监 Steve Coley 说："出色的运作并不代表一切，成功的公司同时需要优势资产、增长能力和特殊关系。怎样将它们融合成竞争优势才是问题的关键。"

在资本经营过程中，收益和风险是紧密相连的。在风险一定的情况下使投资报酬最高，或在报酬一定的情况下使风险最小，这是金融资本经营的基本原则。根据这一原则，在金融资本经营过程中，私营公司要尽力保护本金，增加收益，减少损失。

公司在安排金融资本经营方案时，要实行组合投资经营，即将各种不同类型的金融资本运作方式合理搭配起来，以分散公司的投资经营风险。

客观地评判自身承受风险能力的强弱，并据此制订适合公司实际情况的组合方案。

组合经营，是在公司有较多的富余资金的情况下采取的措施。如果公司的资金在经营自己的主业上还捉襟见肘的话，就不合适了。

【防亏妙计】　充分地分散投资风险后，虽不太可能遇上最坏的情况，但也不可能遇上最好的情况，而最有可能发生的情形就是不好也不坏，投资回报率非常接近平均数值。这就印证了这样一条规律：分散风险固然可以减少糟糕局面的出现，但是出现最好局面的可能性也被一同抹煞了。

11. 保护好公司的商业机密

马云有一句名言："我们与竞争对手最大的区别就是我们知道他们要做什么，而他们不知道我们想做什么。我们想做什么，没有必要让所有人知道。"

商业机密是公司在投入大量人力与物力的基础上获得的，是公司生存和发展的基础。然而在现实生活中，这些具有保密性质的技术信息被非法获取的情况日趋严重。一些公司的商业机密被某些利欲熏心的人采取各种手段非法窃取，给公司造成了不可估量的损失。

一般来说，商业机密是从以下几方面泄露的。

疏忽大意，不明不白地泄密。

人才流动，难以避免地泄密。

没有戒备，在涉外交往中泄密。

废纸垃圾，无声无息地泄密。

后院起火，员工出卖秘密。

知道了商业机密泄露的途径之后，老板就要在日常的管理工作中多加防范。

强化保密工作。

打击不法分子。

建立保密制度。

【防亏妙计】 窃取公司机密的方式有各种表象伪装，或明或暗，或强夺或智取，让私营公司的老板很头疼。私营公司应树立保密意识，善于借鉴成功的保密方法，建立自己的保密制度，防止商业秘密的外泄。

12. "家贼"难防仍要防

警方对企业雇员职务犯罪的特点、趋势、成因进行分析、调查，结果显示：犯罪主体以业务员、仓管人员、有一定经济支配权的中上层领导居多，他们往往利用单位内部管理不善、账目混乱、监督不力等制度的漏洞，在工作中利用各种机会盗卖、侵吞、截留、挪用公司资产或索取回扣。对于"家贼"，公司一定要特别留意。有效的防范手段大概有以下几方面。

1）查清员工的背景

查清员工背景是一项基本的要求，包括是否有犯罪记录、工作经历及学历的准确性。

2）加强管理

加强管理、严堵漏洞是杜绝私营公司"家贼"的重要途径。钱、物及商业机密管理制度要严格，有专人"把守"，"家丁"护院，纵使家贼胆子再大也难以下手。

3）设立举报信箱

设立举报信箱，专门供员工报告某些非安全问题，比如公司丢失什么财物可以通过这条途径发动员工举报。

【防亏妙计】 年关将近的时候，是公司职员职务侵占、挪用资金等案件的高发期，公司应及时堵住公司内部的经营、管理漏洞，加强对相关人员的监管。从长远看，还要建立规范的财务监管制度，才能从源头上防止职务侵占、挪用资金等案件的发生。

13. 广告骗你没商量

广告是传播信息的重要手段，是连接生产和消费的桥梁，是公司通过一定的媒介或形式进行自我宣传的工具。广告宣传的目的是唤起人们对某项特定事物的注意，为宣传商品、推销商品服务，促成消费者购买商品，以增加公司的经济效益和社会效益。然而，有的企业管理者缺乏鉴别力，轻易相信虚假广告，从而上当受骗。

2005 年 6 月，北京市海淀区某公司经理刘某，在报纸上看到一则上海市某高新技术应用研究所转让微型第四代收音笔技术的广告。广告称他们提供散件，回收产品。刘某被广告中的内容所吸引，于 7 月 15 日启程去上海市，19 日同研究所经营部负责人蒋某签订了一个组装 10 万套收音笔的合同。可是在以后的合作中蒋某却一再拖延收货时间，刘某最后一次把电话打到研究所经营部，一位姓张的男同志说："蒋某等人是骗子，已经跑了。"

就这样，刘某花了近 4 万元钱，得到一些毫无用处的电器元件和一张废纸一样的合同。轻信广告宣传，得到的是惨痛的教训。

【防亏妙计】　虚假广告一般有两种情况：一是广告本身是虚假的，其发布主体或内容有违《中华人民共和国广告法》等，对此可以向法院起诉发布广告的媒体和发布广告的主体。二是广告本身是合法真实的，而骗子只是利用广告作引子进行诈骗，对此可以向工商管理部门或公安机关报案，要求依法处理。

14. 看透空手套白狼的伎俩

许多中小公司从入行开始就想使用奇门怪招打天下，这多半是一些邪门歪道，如设置合同陷阱、套用篡改产品批文、假冒广告批文、许诺巨额广告，待款到后溜之大吉……不一而足。

通常，这类人的一般做法如下。

漫天撒谎吹牛，夸大不说小。他们多数吹嘘自己的公司为跨国公司或国际大公司，资金实力雄厚，人才济济等，但经调查证明实际只是几人小公司，或几人小作坊，资金拮据，资信较差，甚至有的已经是劣迹斑斑。

寻找国内熟人，勾结国内不法商人共同欺诈进出口公司，共同分利，共同套汇、逃汇，肥自己，坑国库。

持大额假知名国际大银行的汇票、本票，以融资或投资方式赢得地方政府官员和公司的信任，骗取和套取现汇等。

【防亏妙计】　空手套白狼的伎俩，虽然不乏得逞者，但随着行业的不断规范，这些伎俩已越来越难得逞了。总之，小公司要保持警惕，多考证一下。

15. 做生意要实地调查

网络带来了便捷的交易方式，但同时也引得不少骗子乘虚而入。面对各种各样的骗子，生意场上的人一定要睁大眼睛。

马先生是在生意场上跌爬滚打了30年的"老供销"了，有一次，马先生在网上看到一则信息，某位有着"高资信度"标志的客商低价批量提供优质黄沙，经验老到的马先生并未急着下手，而是在确认供货商的身份后，才从下家那里预收了30%的货款，按照网上提供的账号汇了过去，可他等的黄沙船却迟迟到不了，下家又三番五次地催他交货，一急之下他只好亲自前去催货。

到那里后，马先生才发现，那家公司确实存在，不过只做钢铁贸易，不搞建材，而且从未涉足电子商务领域，至于网上的那家公司，是行骗者盗用了该公司的营业执照复印件后虚构的。最后，马先生赔了下家客户几十万元。

电子商务虽然有着快捷、便利的特点，但与传统的交易方式相比，风险更大。做任何生意，都要坚持实地调查、反复考证，一定要验证对方的资质后再拍板。

【防亏妙计】 做生意，一定要嘴勤、腿勤，通过多问、多走动，去观察、研究身边的商业环境，进而做出明确判断。亲自走访是非常必要的，尤其不能仅坐在家中敲敲键盘。

16. 警惕索要好处费的人

有一天，安徽某公司姚总经理坐在办公室，正在看着网络营销员刘小姐刚刚拿来的订货意向书，这份意向书刘小姐已经跟踪联系了一周时间。

这张意向书是一家客户公司传真过来的，要求订购 10 台设备的订单。3 天后，姚总一行 3 人坐上了飞往深圳的航班。客户公司柯经理接见他们后，提出他个人要 3% 的回扣，姚总为了达成这笔生意，同意了。

后来，柯经理说老总开会去了，等周一回来马上办。看看柯经理这么热心，看看这个大公司，姚总经理预先给了柯经理相当于合同总金额 3% 的回扣后就放心地带着随从回到了安徽。岂知，这一等就是大半年，这家公司先是以种种理由敷衍他们，后来干脆就来个翻脸不认账，气得姚总经理直吐血。

要想防范此类事情再次发生，事先一定要充分了解对方实际情况，事中一旦发现对方不履行合同，马上停止发货，避免造成更大的损失。

一般来说，外贸公司为外商采购产品是十分慎重的，他们要看你工厂的生产规模，以便确认你有没有这个生产能力，同时，也要看看你生产的产品的质量情况，借以对比产品质量和外商的要求是否一致或接近。这类既不看厂又不看产品的业务，很明显就是做了一个套，叫你去钻。

【防亏妙计】 对付身在外地行骗的人，最简单的一个方法是：他要货，你邀请他来厂考察，如果他不肯来的，十有八九是骗子。

17. 巧妙对付"杀熟"的人

常常听到人们感慨：骗子太多，骗局太杂，随时随地都有被欺骗的可能，所以总是令人防不胜防。这是因为，人们对于自己身边的人不像对陌生人那样有很高的警觉性，而且由于信任程度的不断加深，根本不会想到别人会欺骗自己。

在那些喜欢"杀熟"的人眼里，有一句十分流行的名言：那就是"不熟不骗，越熟越骗"。而对于大多数人来说，之所以会上当受骗，也基本上是由熟人的原因引起的。

在熟人中间行骗，有以下几个方面的便利性条件。

对骗子来说，熟人的防范心理几乎等于零，毫无警觉性，因而便于设计较周密的骗局下手行骗。

对骗子来说，熟人的情况一清二楚，这样，骗子在采取行动时就有了针对性，可以对症下药。

对骗子来说，在熟人中间行骗后，不易被发觉。

【防亏妙计】 利益，有时使得人与人之间的关系变得混沌模糊，甚至污浊不堪。要警惕身边的"杀熟"习惯的人。

18. 克服贪小便宜的心理

骗子的得逞，往往就是利用了人们贪小便宜的心理。对此，企业经营者要把握好下面几点。

(1) 用一颗平常心做企业

企业经营，还是踏踏实实比较稳妥。在市场竞争中，有时候能够获得意外之财，迎来重大利好，但那是不能长久的。做生意，办企业，还要回归本业、走向正常。

(2) 不要相信天上掉馅饼

对眼前的便宜，要警惕三分，多问问为什么会这样，在和对方沟通的时候详细考察，必要的时候请教身边的朋友，切忌头脑发热。

(3) 始终把利益放在决策的第一位

行骗的人，是为了利益，受骗的人，损失的也是利益，可以说，骗局都是围绕利益展开的。因此，在决策的时候，特别是涉及利益的时候，一定要小心。

【防亏妙计】 不少人有一种贪小便宜的心理，只要得到一点小小的便宜，就会沾沾自喜，听从施小便宜者的摆布，给以种种方便。诈骗分子就是利用人们的这种贪小便宜的心理，先用各种小利和小惠，打动对方，迷惑对方，使对方占小便宜后丧失警惕性，然后再行骗。

19. 提防以政府的名义诈骗

有一些人惯于打着政府的旗号，利用政府的信誉行骗，这类人更容易获得人们的信任，令人防不胜防。

提防他人以政府的名义诈骗，要把握好下面两点。

1）请对方出示证件

遇到有的人以政府名义经商，要请对方出示相关证明，必要的时候可以请专业的公证人员出面，进行鉴定。

2）多打举报电话

如果怀疑对方的身份，可以拨打相关的举报电话，查验对方的身份。俗话说，真金不怕火炼，如果对方没有行骗，验证一下也无妨。

【防亏妙计】　商业往来涉及利益之争，要多动脑筋，多长几个心眼。最重要的是，不要轻信与盲从，要通过实际考证确认投资者的真实身份，切勿轻易将钱款落入骗子手中。

第七章
善用激励：
把防亏和绩效挂钩

在企业管理中，奖励和惩罚都是常用的激励手段，所不同的是奖励属于正向激励，而惩罚则属于负向激励。但企业老板应该时刻牢记的是，奖或罚都只是手段，最关键的是要通过奖罚实现促进企业发展的终极目标。

老板在管理企业时，可以把防亏和绩效有机地联系起来，形成有效的激励策略。在深入研究不同员工的需求之后，找到他们关注的重点，采取灵活多样的奖惩方式，激励的效果就会大大提高，只有最适合的才是最有效的激励。然后，老板应理清企业的激励导向，确定什么是应该奖励的，什么是应该惩罚的，做到赏罚分明。

（一）奖赏为止损做出贡献的人

一个企业需要的是具有敬业精神、对企业高度忠诚、敢于承担责任、业绩优秀的员工。拥有优秀的员工，企业的发展才能蒸蒸日上。而把防亏和绩效挂钩的激励机制，让员工的利益与企业息息相关，为企业培养优秀合格的员工提供了有效途径。

奖赏为止损做出贡献的人，才能激发他们投入更大的热情，在做好本职工作的同时，把防亏减损落到实处，并影响和带动身边的人。

1. 奖赏全力提升品质的人

企业老板只有提升了员工的质量意识，让每个人都踏踏实实地做好自身工作，才能不断地提升产品品质。而奖励全力提升品质的人，是鼓励企业员工重视质量的有效途径。那么哪些人可以作为企业奖赏的对象呢？

1）比公司要求的做得更好的员工

为了追求产品质量的精益求精，甚至是全面提升，老板就要对那些除了高质量地完成各项任务，而且各项工作做得比标准和要求的更好的员工给予奖励，这样能鞭策所有人认真负责地上好每天班，做好每件事。

2）让客户无可挑剔的员工

产品质量最终是要经过市场和消费者认可的，是刚性的东西，来不得半点马虎，质量检验也不能有一星半点的"变通"。因此让客户无可挑剔的人，老板也要奖赏。

3）坚决收回不合格产品的员工

不良的产品将损伤公司建立的良好形象，若不顾一切地将产品卖出去，或者可以获得眼前的利益，但以后在市场上，公司可能永无立足之地。能够权衡利害得失，毅然收回不合格产品的员工也是应该奖赏的对象。

【防亏妙计】 质量是企业的生命，只有保证了产品的质量，才能赢得客户，赢得市场。而质量管理，要以人为本。奖赏全力提升产品品质的员工，能全面调动所有员工的积极性，为企业发展贡献力量。

2. 奖励超越工作岗位的行为

一个全力以赴地做事的员工所创造的价值胜过许多一般性员工的总和。那些在岗位上不断地实现自我超越的人，才能提高工作质量和效率，才能创新现有的服务模式，从而为企业创造价值。老板要奖励这种超越工作岗位的行为。具有这种行为的员工一般表现如下。

在工作中，超越工作岗位的员工工作起来更加勤奋，更具有敬业精神。他们全心全意地对待工作，尽职尽责，不为薪水工作，而是有更高尚的目标。这让自己受益的同时，也有益于公司，有益于老板。

在工作中，员工不满足于领导叫干什么就只干什么，他们不会只求不出差错的低水平服务，而是合理安排各项工作，积极创新进取，用新思路、新方法去解决新问题和新困难，从而提高工作的质量和效率。

员工去做某一项工作时，只要下了决心，他们就会全力以赴，首先想到的是如何把工作做好，而不是先提出一大堆的借口和条件。这类员工的忠诚会达到老板想象不到的高度。

【防亏妙计】 在工作上，超越工作岗位的人会倾其全力地去应付难题，发挥自己的才能，他们可以担当更艰巨的任务或更重大的责任，干得比一般人更好，更能不断创新。因此，老板要重视这种人。

3. 肯定不断挖潜的人

渴望得到别人的认可与赞美是人的天性，所以即使是员工再微小的进步，老板也应该及时给予真诚的认可与赞美，肯定不断挖掘自己潜能的员工。老板如何肯定不断挖潜的员工呢？

1）肯定员工的价值

每个员工都希望得到老板的认可，所以老板不能总是对他们给予批评或嘲笑。相反，老板总是肯定、关心员工，会激发员工的积极性，员工会用好的工作业绩回报老板对他的肯定。

2）适当的语言激励比金钱奖励更有效

当员工工作出色时，老板可以适当地给员工物质上的奖励，但不要总是那样。有时，口头表扬员工也会起到激励的作用，谁不希望得到上司的肯定和关注呢？

3）大胆授权员工

老板不要认为无论什么事都自己一个人说了算，要对有能力的员工大胆授权。这不仅是对员工的鼓励和信任，还可以不断激发员工的潜能。

4）管理中融入"情"

管理的目的是要把人的潜能最大限度地发挥出来。在管理中，要体现情感，融进爱，没有什么比肯定员工、爱护员工更能调动他们的积极性、使管理发挥最好的效能了。

【防亏妙计】　作为老板，要关注员工的需求，及时对不断挖潜的员工给以充分的肯定，这样才会调动员工的积极性，让他们充分发挥自己的才能，最终实现企业业绩的迅速增长。

4. 赏识提高效率的行为

不少老板容易形成这样的思维定式：只要上班早来晚走、忙忙碌碌的员工就是好员工，却很少有人关注他的工作效率到底如何。下边是几个改变忙碌现象、提高效率的小策略。

将员工安排在合适的岗位。作为一个企业的老板，要根据员工的特点、素质进行科学的安排，大材大用，小材小用。

界定每份工作的范围和量化的指标。每份工作的工作量有多大，需要多长时间完成，老板要心里有数。而且根据工作量，每个人在一定的时间内应完成多少都要划定指标。

让每个人了解他的工作对整体工作有何贡献。这有两点理由：一是员工明白了工作意义的重要性，会提高士气。二是了解自己的工作对整体工作有贡献的员工，一般不会浪费时间。

对事倍功半的员工要给予关注。他们可能养成了不良的工作习惯，管理者可以用关怀的方式告诉他，希望看到他以最少的时间和努力做出最好的工作。你所奖励的是成果，而不是汗水、冗长的时间。

每天保持一段宁静的时刻来筹划。要求每位员工每天抽出半小时，用来独自思考、反省和计划，这样可以大幅度减少不必要的忙碌。

不做唯程序主义者。有些事情需要灵活掌握，不必刻板，步步按程序办，这是官僚主义的通病。

假如员工做完工作，就让他们回家。对于在规定时间内，或提前完成工作量的员工，老板要准许职员下班，不要再安排其他的工作。

【防亏妙计】 奖成果，不奖辛苦！工作效率低下的现象，对一个公司来说是很危险的信号，老板应该赏识提高效率的行为，这对高效率员工和低效率员工来说，都是一种激励，利于强化员工的执行力，是公司发展的根本。

5. 建立一套绩效评估系统

绩效评估系统对企业来说具有极其重要的作用。对老板而言，绩效评价系统直接与员工的薪酬、福利、晋升密切相关，它是否客观公正，会影响到员工的切身利益，进而影响企业的正常发展。

建立了一套比较理想的绩效评估系统，可以使公司在目标管理、考核个人工作绩效及评估员工岗位称职能力、发展人才技能、合理实施奖励方面有一套科学的方法。

公司的人才绩效评估体系应该建立在以下基础上。

建立一个岗位职责描述和目标管理体系，使每位员工明白自己的工作职责、目标和应达到的工作标准及要求。

对不同岗位的员工实施不同的考核办法。不同岗位的人员承担了不同的责任，因此要采取多层次、个性化的考核体系。

在对工作目标和绩效评估的同时，对员工个人的技能、管理与工作能力进行详细评估，并指出影响员工个人绩效的主要障碍和改进方向。

每次绩效评估结束后，由员工的直接领导与该员工进行面谈沟通，告知评估结果，肯定工作成绩，指出差距。

把绩效评估结果作为年底分红、薪酬调整及公司内部岗位晋升时的参考或依据。对所有人的工作业绩进行一个评判，奖励与公司目标一致的，制止不一致的。

【防亏妙计】 绩效评估，是确定人员奖惩的基础，是决定人员晋升、培训及薪金的重要依据，同时也是企业强调组织目标、加强团队协作及员工自身提高等方面的需要，这些均是决定企业成败的关键要素。所以，老板必须建立一套绩效评估系统。

6. 正确对待员工加班

不论是什么性质的公司，几乎都存在这种现象——加班。老板怎么看待员工加班呢？

加班要从两方面来看待，一方面它可以极大地增强企业的凝聚力和经营业绩，为企业创造额外效益；另一方面，它是员工工作不到位、效率低下的表现，从而会削弱企业的竞争力。

就第一种情况来说，加班只有成为自觉、自愿，才是良性的加班。这需要老板具有超强的沟通技巧，了解员工需求，激发员工的工作热情。老板要让员工明白自己最重要的任务是完成手头的工作，使员工对企业有归属感，员工需要的是与自己并肩战斗的领导，而非高高在上指挥员工加班的领导。这种状态下的员工会具有强烈的敬业精神，努力工作，这样自然会为企业创造更高的收益，老板也要给员工相应的奖励。

而第二种情况，由于员工不敬业，导致工作不能按时完成。加班完成工作是对企业整体工作进度的破坏，同时也增加企业成本。加班加点不仅人工成本费用高，而且企业的耗电量要增加许多。另外，加班是让员工打疲劳战，效率更不会高。这时，老板要对工作不负责的员工进行处罚，遏制不良的工作态度和行为。

【防亏妙计】 老板要正确地对待员工加班：对工作拥有强烈的敬业精神、对企业高度忠诚的员工，加班会为企业创造效益，老板当然要奖赏；而对工作拖沓、不认真工作的员工，老板则要适当处罚，力求做到奖惩分明。

（二）惩罚给企业带来损失的员工

有人做错了事，给企业造成了损失，就要给以惩戒。这样做，不但能够帮助做错事的人修正自己的行为，避免下次犯同样的错误，还能给其他人起到警示作用，让大家明白：给企业造成损失的员工是不受欢迎的。

1. 在企业内部推行问责制

企业中，每一位员工都有自己的责任，但是在具体的工作中为什么还会出现这样或那样的问题呢？

究其原因，是员工没有实实在在地搞清楚自己的责任。这样的员工把本该属于自己的责任看成与己无关，所以工作才总是出现各种纰漏。老板只有让员工清楚自己的责任，才能使其更好地去承担责任，这样企业才能获得更好的发展。

而为了尽快地使员工搞清楚自己的责任，就必须有一个监督追究责任的机制，这就是问责制度。

问责制和责任是密不可分的，它存在的目的就是责任必须要落实，只要是在责任落实范围内出现某种变故，就必须得有人为此承担责任。

在企业里工作，要让员工弄清楚自己在做些什么。只有做好自己分内工作的人，才有余力再做分外的事情，才能激发自己的创意，才能找到解决问题的最佳方法，工作才能做得完美。相反，一个连自己工作都做不好的员工，怎敢让他承担额外的责任呢？这样不仅不能很好地承担责任，还会对企业造成损害，导致员工推卸责任。

【防亏妙计】　老板在企业内部推行问责制，就是要员工清楚自己的责任，做好自己分内的工作，帮助员工树立一种高度的责任意识和危机意识，让责任"归位"，使监督"强硬"，实现从严治企，依法经商。

2. 失职，就应该接受惩罚

在工作过程中，员工的责任是不分大小的，一丁点的不负责任，就可能给公司带来恶果。现代企业之间的竞争越来越激烈，员工的任何马虎都可能使整个企业蒙受巨大的损失，甚至是无可挽回的损失。

如果不认真对待，一个工作草率、马虎的员工可能会拖垮整个部门，至少会使别人的工作更困难。而且，在激烈的竞争中，你根本没有"资格"雇佣一个不能给你带来价值的员工。所以，企业的管理者对失职的员工向来是严惩不贷的。那么，怎样惩罚失职者呢？

这要视涉及的人或事的性质而定。如果失职行为造成的后果不太严重的话，为了不打消这个员工的积极性和工作的自信心，可对其进行批评后，按照公司的相关制度对其进行处罚，如扣除奖金等。

如果员工由于责任心不强造成公司重大损失，且在公司内部影响恶劣，属严重失职的，可以将其辞退。

无论处罚还是辞退员工，管理者都要讲究方法。管理者可从坦诚的交谈开始。为缓和气氛，先谈论该员工过去对公司的贡献，然后再转向你对其现有工作的看法。你需要将主题集中在你的期望和该员工的业绩现状之间的差距上，最重要的是要用具体的事实支持你的观点，最后达到失职员工愿意接受公司惩罚的目的。

【防亏妙计】　在实际工作中，每个员工都可能由于一时疏忽、决策不慎或监管不到位等原因，给公司造成损失。如果企业内有太多的失职员工而不及时剔除的话，就会阻碍企业的发展。所以，老板对于这些失职人员一定不要手下留情。

3. 解雇不称职的员工

在任何一个公司，老板都有可能碰上不称职的员工，作为老板，你不可能总是对那些不能完成工作、没有工作能力的人提供一种慈善性的宽容。当觉得这类员工无可救药时，管理者应在他导致灾难性后果之前将其解雇。

一般来说，对于公司的某些问题，有些员工可能比你知道得更早、更清楚，他们希望你解雇那些不称职的同事。如果你不能正视和面对表现很差的员工，你的信任度将受到极大影响，每个员工都不希望有人拖他们的后腿。

因此，面对这种员工，你应该当机立断地采取行动。你的决定十分重要，你实施决定的方式也十分重要，对待被解雇的员工要公正与理解，而不是胆小害怕。

老板很容易忽视一点，即被解雇是对员工的一个打击，回到家里他们必须面对自己的家庭、邻居和亲友的议论。作为老板，你应该给人留点面子。不管你多么坦率、诚实，但必须给人留面子，找一些语言来安慰被解雇的员工。有可能的话，你甚至还可以帮他推荐、介绍更适合的地方。

【防亏妙计】　在公司中，老板总能遇到一些令人失望的员工。面对这种员工，老板应该当机立断作出决定，如果不采取行动，这种员工不仅会浪费你大量的时间和精力，让你帮他解决问题，还会影响你在公司的信任度。但在解雇员工时，要讲究方式，给员工留点面子。

4. 下属造成的损失是学费

人有所长，也有所短，全才是没有的。员工在工作中会不可避免地犯错误，老板要学会有意识地原谅下属的过错，把下属造成的损失当作学费。老板具体该怎么做呢？

1）鼓励犯错的下属

老板要激励他们继续进取，使其不致因过失或错误而灰心丧气，止步不前，而将其转化为更强烈的动力，最大限度地发挥出他们的聪明才智。

2）用好犯错的下属

对那些犯过错误的下属，作为上司还应有过人的慧眼、容人的度量和提拔人的胆量，要敢于启用犯过错误的员工。

3）信任犯错的下属

作为下属，出现失误后，本身也会自责，同时也在怀疑会不会失去老板的信任。所以，在这个时候，老板更应该信任犯错的下属。老板可以与他一起研究出现失误的原因，尔后以真诚的态度，而不是以上司对下属的态度提出改进的建议，并且别忘了表明你仍然信任他。如果可能的话，你不妨将责任往自己身上揽点，与下属共担失误，减轻他的压力，更能赢得下属的信任。

4）善待下属的错误

一次、两次的失败不能够作为对下属的终极评价，当犯了错误的下属在为自己的行为懊恼时，老板的斥责只能挫伤其信心，使他受到很大的打击，所以老板不能对下属的错误耿耿于怀，要冷静对待。

【防亏妙计】　老板作为企业的领导，面对下属给企业造成损失时，一定要宽容对待下属的过错，做到善待下属的错误，切勿对下属一顿棒打。要对下属多鼓励，使其放下心理负担，让他感到一分支持。这样利于下属改正自己的错误，为公司发展贡献一份力量。

5. 及时扭转下属的错误

在任何一个公司中，都不可能杜绝下属的错误。而这种错误不容忽视，它常常可以导致整个公司的重大危机甚至走向失败。

作为老板，要扭转下属的错误，需要采取下列措施。

1）立即面对问题

如果老板一直对下属的过失不闻不问，下属根本不会觉得自己有问题，到你"秋后算总账"时，他会很难认同你的看法。

2）避免在盛怒下处理问题

如果老板大发脾气，很容易把这种气氛传染到其他成员身上，引起其他团队成员的不满，事态只会愈演愈烈，而下属为了保护自己，更加不会承认自己的过错。

3）私下解决

当众直斥下属时，其他下属不明情况，可能会觉得你辱骂的是整个团队而不是个别下属，因而引起众怒。尝试与有关下属个别面谈，一同寻找解决方法。

4）明确的方向

与下属面谈时要有话直说，说话可以客气，但要直接，让员工有下台的余地，他们才会乐于听取你的意见。

5）证据确凿

要有明确的事实来支持你的论点，如工作数量、品质、时间、效率等。这样下属的成绩会一目了然，亦无法狡辩。

6）提供指导

老板有责任为下属提供指导，不能只点出他的错处，更应向其讲清楚公司的期望，让他们照着公司目标和指定时限去完成工作。如果下属有进步，不要忘记给他支持和鼓励。

【防亏妙计】　作为老板，下属犯了错误要及时扭转，注意处理方式。对于下属的过错，既要理性面对，也不可全盘否定，应尽快寻找补救措施，帮助其分析原因。这是老板关心职工的表现，更体现了领导的素养和策略。

6. 处理好员工考勤问题

员工的考勤问题，主要是指员工的迟到、早退和旷工行为，老板对其惩罚办法也大多是扣除部分工资。可是这种办法是否确实有效呢？从根本上说，考勤问题是员工的工作态度问题。而要改变员工的工作态度，不是简单地靠记迟到、早退的次数，对其从行为、薪酬、奖金等方面进行约束就能做到的。

遇到这样的问题，老板不要盲目地采取处罚的办法。除了要从员工本人的实际情况出发外，也要从老板自身找原因。

老板本人不以身作则。假若老板本人经常不遵守工作秩序，这必然会给公司造成一种不守时的风气，如此员工不严格按照规定上下班就不足为奇了。

在人员的使用上不得法。老板为员工安排岗位不当。比如，某年轻职员在产品推销方面独具特长，老板却安排他到资料室去管理资料，这位年轻人心情之坏自不必说了。

对员工所担负的工作，老板没有给予足够的重视。员工对老板有怨言，不正常上班自不必说了。

找到了以上原因，有助于从根本上解决考勤问题。

【防亏妙计】 面对公司里的考勤问题，一味地处罚员工不是解决问题的办法，老板也要从自身找原因，才能做到对症下药。处理好员工的考勤问题，可以规范公司的管理制度，提高员工自觉遵守纪律的自觉性，方便领导管理。

7. 批评是一种变相引导

当员工工作出现错误时，老板会把压抑不住的怒火发泄到员工身上。其实，批评也可以变为一种变相的引导，但是这种引导并不像表扬那样令人愉快，也不是人人都能"闻过则喜"，这就要求老板在对员工进行批评时，一定要讲究方式方法。

1）要对症下药

批评的要领是抓住问题的实质。但必须注意根据批评对象的不同特点，采用不同的批评方式。

2）把准火候

批评员工时，一定要注意把握好火候。几句话就能解决问题的，就不要多说，点到为止；一次批评已经奏效的，就不要再次提起，适可而止。

（3）以理服人

批评能不能奏效，关键在于批评者能否以理服人。老板要晓之以理、动之以情、言辞恳切，把批评融进关切之中，既指出问题，也帮助分析问题产生的原因。

（4）曲径通幽

有时候，因被批评对象身份的特殊性，不便进行直接的批评，可采用借彼批此的手法，在不伤害被批评者自尊心的前提下，让其自我感悟，自纠其错。

【防亏妙计】 有效的、具有引导性的批评，可以改变、塑造一个人，可以将一个人引向成功。批评的目的不在于将对方批得体无完肤，而是纠正对方的错误。老板对员工有管理的职责，如果老板羞于批评，员工就不会明白他错在哪里，更谈不上改正错误了，但批评一定要讲究艺术。

8. 让员工始终有一种危机感

强烈的危机意识不仅激励着企业，还会让员工产生前进的动力，拼命工作。危机感为员工创造了一个充满活力的工作环境，它成为督促员工进步、努力的力量。老板怎样让员工始终有一种"危机感"呢?

现代心理学研究证明,人们在危险时刻的表现至少有两点超乎寻常:一是会不遗余力地奋勇求生,为此可以发挥难以想象的潜能和勇气;二是会自动放弃平日的偏见与隔阂,高度地团结一致、协同动作,从而爆发出超常的团队力量,取得难以想象的成就。所谓"投之亡地然后存,陷之死地然后生"就是这个道理。

在公司的管理中,一个老板有效地利用危机,不仅可以使之成为公司发展的机会,而且可能转化为公司的优势。日本松下公司的一位总经理非常重视在整个公司造成一种"危机感"和"饥饿精神",并把它看成是松下经营思想的核心,认为只有在大好形势下也保持一种危机感,始终追求新的目标,用永不满足的"饥饿精神"激励员工,才能促使企业精益求精、永不止步。

危机感能够带给人压力,而压力可以转化为动力,推动人前进。老板要让员工有一种危机感,要让大家看到自己的不足与差距,避免员工在安逸的环境里丧失斗志。

【防亏妙计】 公司的管理要使每一名员工感到压力、有危机感,这样才能使其持续保持昂扬的竞技状态和进取精神,最大限度地调动他们的积极性、主动性和创新精神,推动团队目标不断迈向新的高峰。

第八章

执行到位：

高效执行是防亏减损的妙药

执行力的实质是形成步调一致、行动迅速的企业执行链，使各项决策得到真正执行和有效落实。决战商场，赢在执行！高效执行，公司才能做强做大。没有执行到位的能力，就会耽误进度，生产出不合格的产品，企业必然亏损。

执行力是创造优秀企业乃至百年老店的关键一环，从世界500强企业的身上，我们不难发现执行力"把简单化为神奇"的惊人威力——世界500强之一的沃尔玛只是一个"卖杂货"的；经营品类远远比不过中国菜的麦当劳与肯德基横扫全球……它们并不是在经营什么伟大的东西，然而凭借着优秀的执行力，成了一般人难以望其项背的成功公司。

（一）让员工保证完成任务

我们随处可见这样的人，出现问题不是积极、主动地加以解决，而是千方百计地寻找借口，致使工作无绩效，业务荒废。

任何一家想竞争取胜的公司必须设法使每个员工敬业，没有敬业的员工，就无法给顾客提供高质量的服务，就难以生产出高质量的产品。最终，企业在市场竞争中也就丧失了竞争力，增大了亏损的可能。

1. 决策后还需坚决执行

每个公司的老板都有自己的经营理念，并由领导层根据经营理念制订出实战的决策。但是成功的企业不仅需要高明的决策，更需要强大的执行力把决策落到实处。

在当下的企业管理中，执行不力是一个普遍现象。老板做出了决策，员工不一定能够坚决地贯彻和执行。所以企业老板面对日益严峻的市场竞争态势，如何把决策落到实处，提高员工执行力，就成为一个迫切的现实问题。

对于一个企业来说，执行力就是领导坚决果断的意志。正如美国霍尼韦尔公司前总裁拉里博西迪先生所言："执行应当是一名管理者最重要的工作。"俗语也说："火车跑得快，全靠车头带；工作好不好，关键在领导。"

【防亏妙计】　从事经营活动就是统合一切资源与力量，要想避开风险和损失，获得更多的利润，就需要老板在正确思想和决策的指引下带领员工速战速决。

2. 高效完成本职工作

"保证完成任务"，就是使员工先按要求完成其本职工作。老板在要求员工高效完成本职工作时应作出如下要求。

1）高质量完成任务

老板应要求员工服从老板的指示，创造性地完成各项任务。执行过程中，要随时了解员工的工作进度。

2）有一定的自我控制能力

事业上的成就主要取决工作态度。只有那些能控制自己态度的人才能获得成功。

3）具有顽强的品质

具有这种品质的员工会创造出惊人的业绩成就。

4）刻苦钻研业务

优秀的员工始终在不断提高自己，倾听、学习别人的经验，以把工作做得更好。

5) 提倡诚实和正直

不要有意识地误导别人或说假话。

坚守信用。

把难办的问题摆在桌面上。

要诚实，表里如一。

要准确、干脆、果敢地行动。

对别人的误解给予谅解。

要记住，信任是相互的。

经常接触现实，避免偏听偏信。

要记住，掩盖真相的后果是自我毁灭。

6) 保持谦虚的态度

无论是老板还是员工，都要保持谦虚的态度，同时也要正视自己的贡献。

【防亏妙计】 老板应当根据企业自身的情况对员工作出适当要求，以激励每个员工都完成自己分内的工作，这会给企业避免很多不必要的麻烦和损失。

3. 纪律：有效执行的保证

纪律是决定一家公司成败的关键，也是企业执行力的强有力保证。一个没有纪律的组织，是根本不可能获胜的。

有了高度严明的纪律，服从精神和执行力才能真正体现出来。很难想象，一个行为散漫、没有纪律观念的员工，会认真服从上级的指令，会自动自发地完成任务。

企业的纪律是对员工行为的一种约束，是确保做事正确、行动有效、执行到位的有力武器。执行纪律时，老板绝不能因人而异，否则，纪律只是个摆设，很难让大家信服并遵照执行。

管理学家将这种惩罚原则称为"热炉法则"，即当下属在工作中违反了规章条例，就像碰触了一个烧红的火炉，一定要让他受到"烫"的处罚，其作用共有四个方面。

即刻性：当你一碰到火炉，立即会被烫伤。

预警性：烧红的火炉一眼就能看见，你知道触碰它，肯定会被烫伤。

均等性：任何人触碰火炉，无一例外，都会被烫伤。

执行性：烫伤之苦不容商量，只要谁敢碰触火炉，一定会尝到苦头。

【防亏妙计】　老板必须加强对企业纪律的重视和管理，如果每个员工都严格遵照企业纪律行事，时刻警觉和约束自己的行为，员工的执行水平将大大提高，同时也会有效避免企业亏损。

4. 执行，不找任何借口

战士在战场上执行上级的任务是不应找任何借口的，优秀的企业员工也应该如此，因为完美的执行是不需要任何借口的。

企业中常常有两种员工，一种是积极主动的优秀员工；一种是庸庸碌碌的被动员工。积极主动的员工总是严格执行老板命令，认真完成任务；被动的员工总是找借口拖延命令，直到最后证明这件事"不应该做""没有能力去做"或"已经来不及做"为止。

员工接受了任务就意味着作出了承诺，而且必须完成自己的承诺，不应该找任何借口不完成。这体现了员工对自己职责和使命的态度，态度影响行动，一个绝对服从的员工，必定是一个执行力很强的员工。老板要想使员工拥有坚决和认真负责的态度，可参考以下几点。

在制度贯彻中，各级人员必须严格按照实事求是的精神，做到有章必循，不各自为政。

在执行中，老板要以身作则，为员工做表率。

在方法上，公司必须依靠员工，上下结合，不搞形式主义。

在处理上应违法必究，执法必严，不搞"好人"主义，迁就姑息。

在总结时，对执行中发现的问题及时修订完善，不可将制度束之高阁。

【防亏妙计】 老板必须保持员工对自己和企业决策的信心，并清晰划分出员工的责任范围，以保证员工不用任何借口来为自己开脱，减少因责任不明产生的亏损和漏洞。

5. 执行必须服务于目标

在企业中，目标的地位不容忽视，它是企业前行的灯塔，更是员工所有行动的最终服务对象。

共同而明确的目标，能使企业产生强大的竞争力。无论企业处于什么状态下，老板都要依赖一个"总的计划和目标"，并要求员工的一切行为都紧紧依照这个目标进行。

所以老板要懂得从企业最高部门开始建立一套完整的目标体系，即上下级目标之间是一种"目的—手段"的关系，上一级目标的实现手段为下一级的次目标，按级顺推下去，从而构成锁链式的目标体系，以保证企业的执行力始终服务于企业目标。

老板对各级目标的完成情况，要事先规定期限，定期进行检查。检查的方法包括自检、互检和责成相关部门进行检查三种。达到预定的期限后，下级首先进行自我评估，并提交书面报告，然后上下级依据事先确定的目标一起考核完成情况。对于结果，应当根据目标进行评价，并根据评价结果进行奖罚，同时讨论并制定下一阶段的目标。若目标没有完成，应分析其原因，并总结经验教训。

【防亏妙计】　老板必须坚持"执行服务目标"的原则，保证执行力充分发挥，如果执行中出现严重影响目标实现的意外事件，也必须采取一定的方法，修正原定目标，避免亏损。

6. 提高执行力的两个方法

执行力一直是个热门的话题，执行力不够是制约企业发展的瓶颈。提高员工的执行力主要从两方面入手。

1）加强员工的工作能力

要求员工加强自身学习，提高自身素质。

企业应有步骤、有计划、分阶段地以培训进修、轮岗锻炼、工作加压等手段帮助员工进行自我提高。

企业要进行现有员工价值、潜力的开发。要让员工发现问题，并在发现问题之后主动思考问题、解决问题，不断挖掘员工自身的潜力和价值。

选拔合适的人在合适的岗位上工作，对不称职的岗位人员进行调整或者解聘。

2）要转变员工的工作态度

要注重企业文化的形成，创造良好的工作氛围。

把简单的事做好就是不简单，把平凡的事做好就是不平凡。

强化员工的责任心，明确员工责任。

只要员工个人能力提高了，工作态度主动乐观，能够积极地做好本职工作，就能够提高企业整体的执行力。

【防亏妙计】　老板在提高员工执行力时要认识到能力与态度二者缺一不可，两方面同时入手，以切实提高执行力，使高执行力成为防止企业亏损的坚实后盾。

7. 提高执行力的流程改进法

执行不力就意味着执行成本的浪费，这是困扰老板的难题之一。除了上面的细节方法外，老板还可以采用"流程改进法"来增加企业的执行能力。Six Sigma工程就是其中一种。此流程改进法的核心包括：流程步骤细化、流程标准化、流程量化。

流程步骤的细化有利于全面分析执行中的影响因素。比如，销售流程是"接触—销售"，其中的影响因素是接触的方式、对象；如果将流程细化为"接触—信息的收集—信息的整理—信息的分析—信息的判断—进一步采取的行动……—销售"，就会发现流程中间更多的影响因素。

流程标准化建立于流程细化之上，即通过设计一个正确的流程，作为现状的判定标准和提高的目标。它包括流程具体步骤的确定及步骤中采用方式的确定。但这个标准不是一成不变的，在运行一段时期后，要进行有效性分析、改进。

流程量化是流程改进的核心，也是确保流程改进有效性的基本方法，它通过相关标准对现状与未来期望进行量化，以达到确定改进成本、分析改进后收益、体现改进状况等目标。

【防亏妙计】　流程改进法的效果已经得到多个企业的成功验证，老板可以根据自身企业的情况对流程改进法进行"移植""嫁接"，以切实增加企业的执行能力，节约企业资本。

8. 信任和尊重每一个员工

员工能否出色完成任务，除了自身的能力、责任心等因素外，还与老板的信任和尊重有莫大关系。尤其是指派任务的时候，来自老板的信任会让员工获得无穷动力，而老板的尊重会让员工更有使命感。这都会在很大程度上影响执行的效果。

惠普公司成功和长盛不衰的关键，是令世人称道的"惠普之道"，其精髓是"以人为本"的核心价值观，以及由此构建的企业文化。

信任和尊重每一名员工。惠普的价值观包括最重要的两点：一是信任和尊重每一名员工，给员工自行做出决定的权利；二是员工要成为诚实正直的人，员工若在工作中出现了违反商业道德或职业道德的行为，会受到除名的惩罚。

在用人中体现"以人为本"的价值观。惠普公司明确规定：为每一名员工提供一份永久性的工作，只要你表现良好，公司就不会辞退你。此外，公司还重视并加强对员工的培训，形成了一套有效的培训制度和鼓励创新的机制。

【防亏妙计】 让员工保证完成任务，从根本上说要调动他们的积极性、主动性和创造性。为此，老板需要从内心深处信任、尊重员工，这种真诚的力量会打动人心，也会让他们全力以赴地做事，执行到位。

（二）从"做事不到位"上止损

"做事不到位"，就是做得不够好，离应该达到的标准还差一点点。这样的做法看似无所谓，却是不负责的表现，后果是很严重的。工作不到位，在生产中酿成事故，在产品上形成残次品，这样的例子不胜枚举。

老板和员工一定要重视日常管理的细节，表面上是小事一件，事实上是确保大目标实现的关键。能够精准掌握和执行细微简单的事情，就可以避免不必要的意外与慌乱，减少企业的损失。

1. 执行力不佳，谁的错

很多老板都逐渐意识到执行力不佳给企业带来的危害，要想真正地提高企业的执行力，就必须清楚企业执行力缺乏的内因。

老板没有常抓不懈。如对政策执行方面虎头蛇尾；工作检验方面前紧后松；工作态度方面是宽以待己，严于律人。

管理制度不严谨，朝令夕改。

制度本身不合理。如制度缺乏针对性和可行性，使企业制度流于形式。

执行过程过于烦琐或囿于条款。如处理一个文件只需 7 分钟，耽搁在中间环节的时间却多达 4 天。缩短非必要的审批环节，进行科学的流程再造，是制度得以有效贯彻执行的必要措施。

监督不到位。监督是执行力的灵魂，监督能确保一个组织按规划的进度表去实现目标。只有不断地监督和跟进，才能暴露出规划和行动间的差距和问题，以便老板采取行动协调和纠偏工作进展，更好地完成目标。

【防亏妙计】 执行力是企业成败的关键，正确分析执行力缺失的原因是改善和提高执行力的基础，所以老板需要清醒面对问题根源，逐层解决企业存在的弊病，从根本上改善企业执行力，减少企业资源的浪费。

2. 把敬业变成习惯

敬业精神是强者之所以成为强者的一个重要方面，也是弱者变为强者应该具备的职业品性。如果员工在工作上能敬业，并且把敬业变成一种习惯，将对企业执行力的提高起到关键的作用。

老板如果要培养员工敬业的习惯，必须让员工懂得把敬业当成一种习惯的好处。

1）容易受人尊重

敬业的人工作踏实勤奋，业绩突出，会受到大家的尊重。

2）易于受到提拔

老板或主管都喜欢敬业的人，因为这样他们可以减轻工作压力，把事情交给敬业的人放心。员工如此敬业，老板求之不得。

3）实现自我价值

把敬业当作一种习惯的人可以在不知不觉中提高个人的工作能力，可以促进个人成长和人生价值的实现。

【防亏妙计】 作为企业老板，如果能够把敬业培养成员工的一种习惯，就意味着企业精神力量的统一、执行力的凝聚和提升，就能够使人力资源发挥最大效用，从而节省不必要的人力投入。

3. 甩掉不满和抱怨

"不满"和"抱怨"是现在流行的一种情绪，它总是被善于寻找借口的人利用。作为老板你会发现，那些整日牢骚满腹、怨天尤人的员工，总是懒散消极、无所作为，影响企业整体的执行力。所以老板要认真分析原因，采取相应的措施改变员工不满和抱怨的情绪。

老板平时就要以身作则，给员工树立好榜样。

如果问题出在员工身上，老板最好找来员工诚恳地、温和地谈话。向员工说明其工作的优劣之处，让他知道改进的方式，老板还可以把这些问题揽过来，悄悄地解决它们。

如果每个员工都能甩掉不满和抱怨，积极认真地完成自己的工作，那么企业的执行力就会大大增强。

【防亏妙计】 优秀的员工从不对任何人不满，总是以忠诚、信任和义无反顾的献身精神，为企业贡献力量，因此使员工甩掉不满和抱怨是充分利用人力资源的前提。

4. 让态度不佳的人做到位

态度决定高度，在企业中如果员工对待工作的态度不佳，对企业执行力的危害是巨大的。作为企业老板，关注并改善那些态度不佳员工的执行力是极其重要的。

很多老板在员工态度的认识上存在一个误区，认为良好态度的缺乏是员工的问题。其实，真正要解决这个问题的关键是老板自己。老板要做到让态度不佳的员工具备执行力，应该从三个方面入手。

明确员工的工作目标。老板在布置任务时，一定要明确指示所期望达到的结果和时间，并通过与员工沟通来验证大家的理解是否一致。

督促员工制订工作计划。老板需要员工明确地列示其各工作阶段的内容、进展及成果。记住，工作计划的制订应由员工完成，并非老板替员工制订。

学会检查员工的工作。老板要不定期地考察员工工作进度和质量，及时了解和指示。

【防亏妙计】　老板要避免在会议中批评和埋怨缺乏执行力的员工，而是加大对执行过程的控制和监督，以保证员工按时、按质、按量完成工作，这才是高效执行、避免亏损的根本。

5. 执行的步调要保持一致

在执行中能够保持步调一致是企业取得胜利的前提和基础。任何妥协动摇和机会主义的做法都要坚决予以杜绝。

工作方式方法的一致。对于既定的目标，要让员工齐心协力地去完成，在工作过程中及时交流看法、统一思想。如：工作用语公文格式的一致、工作规章的明确、工作纪律的遵守等。只要大家在工作中步调一致，就没有消除不了的分歧和误会，就没有克服不了的困难和问题。

思想认识上的一致。真正建立共同的价值观还需要员工思想认识上的统一。思想认识上不能形成统一，就会分散和减弱整体的执行力。

制度执行的一致。积极维护已确立制度的严肃性。要使每名员工都坚决遵循制度执行，只要制度还没有正式修改或者废除，都必须不折不扣地执行。

【防亏妙计】　作为企业老板，明确执行制度是最起码的职业道德要求。只有在执行中保持步调一致才能最大地发挥企业执行力的作用，所以老板在要求所有员工执行规章制度的问题上一定要体现坚定性。

6. 把简单的事情做到位

一个企业往往每天在做的事都是看似平凡简单的小事，但是如果一个企业只拥有宏伟的战略，没有严格、认真的细节执行，再英明的决策，也难以实现。所以老板必须要求自己和员工：即使面对最简单的事情也要严格执行，完成到位。

对于简单的执行环节，不仅需要细致到位，而且也要注重执行过程中的创新与突破。这种执行环节的创新虽然与整体方案的创新相比微不足道，但细微之处更能显现出执行的效果。

重视日常管理的细节，表面上是小事一件，事实上是确保实现大目标的关键，能够精准掌握和执行细微简单的事情，就可以避免不必要的意外与慌乱，减少企业的损失。

【防亏妙计】　细节决定成败，不要因为事情简单就放松警惕。作为一个优秀的老板，要时时刻刻保持如履薄冰的心态，抓大事不忽视小事，放眼全局不忽视细节，这样才能保证在市场上立得住、立得稳。

7. 员工别站在老板对立面

在企业中，老板利用忠诚和有能力的员工执行任务；员工利用老板的业务平台发挥自己的聪明才智。从表面上看，员工与老板似乎站在对立面，其实，二者是和谐统一的。

对于老板而言，企业的生存和发展需要员工的敬业和服从；对于员工来说，需要的是丰厚的物质报酬和精神上的成就感。二者相互依存，所以老板与员工不能站在对立的角度看待对方。

老板和员工的关系需建立在一种制度上才能实现和谐统一。在管理制度健全的企业中，老板与员工是一种合作共赢的工作关系。管理制度完善的企业，升迁渠道通畅，有实力的人都有公平竞争的机会，每个员工都会意识到个人利益与企业或老板利益的紧密相关，只有这样，员工才会觉得自己是公司的主人，才会觉得自己与公司是一体的。

因此，员工和老板是否对立，既取决于员工的心态，也取决于老板的做法。聪明的老板会给员工公平的待遇、平等的态度，而员工也会以自己的忠诚予以回报。

【防亏妙计】　为了企业，每个老板要始终与自己的员工站在同一条战线上，必须让每个员工都公平公正地享受待遇，使员工找到自我成长与企业发展的重要关联，从而齐心协力地为企业创造价值。

8. 公司要远离体制弊端

当前形势下，民营公司的成长本来就面临很多的艰难与险阻，如果再患上"体制病"，那就更加危险了。

中小公司的"体制病"集中表现在以下方面。

组织结构方面：队伍过于庞大、官僚多、层级多，审批流程长而复杂。

信息沟通方面：陷入会议陷阱，议而不决，决而不行。

经营决策方面：要么过于民主，缺乏感性权威，不注重效率，无人敢拍板、敢负责；要么事无巨细，全由老板一个人说了算。

工作不分主次、不抓重点、好搞形式主义等随处可见。

这种烦琐且形式化的机构使管理水平低下，人浮于事，相互推诿，员工工作态度消极，工作效率降低，于是本来容易的任务变得困难，形成人员短缺的假象，从而形成恶性循环，公司利润必然下降。

【防亏妙计】　一个优秀的企业必须远离"体制病"，拥有一套科学合理的组织体制。否则，无论付出多大努力，最后都是徒劳无功的。所以老板要根据公司业务决定人力资源的规模和分配。规模过大或过小，都会带来边际管理成本的上升，造成运行效率的下降。

第九章

减少库存：
别让公司被库存积压拖垮

　　鸿海主席郭台铭有一个精辟的概括："速度快的人赚钱，速度慢的人卖库存。"库存是杀手，80%公司的亏损是因为库存管理不善造成的。可见，库存积压是许多生产型公司面临的重要问题。

　　如果库存问题没有引起老板的高度重视，库存积压就可能把公司拖垮。因此老板要组织有关人员确定安全库存，采用先进的库存管理模式，帮助公司适时调整库存，减少库存积压带来的损耗，以达到充分利用资金、增加商业机会的目的。

（一）处理库存要“快、狠、准”

通常公司越做越大，仓库也越建越大，销售额翻了几番，账面上的流动资金却没见增长多少，几年辛苦的积累都跑到仓库去了，这是生产型企业面临的普遍问题。那么，公司如何处理库存、降低风险呢？

到处打折呼声一片，打折降价吧，必然会影响品牌的整体形象和价格体系，降低顾客对产品的忠诚度；不打折吧，产品太容易落伍过时，放在仓库只会越来越贬值，最后变成废品一堆。处理库存要“快、狠、准”。

1. 生产时不要忽视政策的影响

法国巴黎友和有限公司的创办人潘洪江说："做生意，要随着形势的变化而变化。做小生意，在于勤；做大生意，要看政治、观局势。"意思很简单，控制生产和库存不能忽视政策的影响。

政府的宏观调控政策对公司的发展起着至关重要的作用。例如提高利率，公司资本成本就会上升；提高所得税率，公司的税后利润就会下降。另外，政府的各种政策等都对公司产生约束力，公司必须遵照执行。

有的企业产品大量积压，其重要原因就在于管理者忽视了产业政策的变化对企业生产的影响，造成了产品滞销，这种亏吃得很冤枉。因此，国家宏观政策对公司经营活动的影响还是很明显的。

这就要求老板认真研究国家宏观经济政策趋势，跟踪相关产业政策走势，制订科学的生产计划，把库存控制在一定规模以内。

【防亏妙计】 战略管理理论指出，公司在了解自身的内部实力的同时，还要对各种外部的政策环境进行分析，从而制订适当的发展战略，指导公司生产，避免库存积压。

2. 按需生产，防止新的积压

在市场经济中，公司的生产是根据市场变化决定的，也就是说，公司根据市场中产品的销售状况，可以知道整个行业的供给能力。尤其是在上一年度有大量库存的情况下，公司一定要按需生产，以防止新的积压。

按需生产谁都说好，如何实现？如何落实到企业的实际业务中呢？对老板来说，做好按需生产，应该抓好市场，并提升自己的生产能力。

1）找到自己的客户群

市场竞争加剧的后果是订单锐减。其实客户要求高了，能满足客户需求的生产者就少了。所以，企业必须细分市场，找到自己的客户群，实现按需生产的目标。

2）企业要有高水平的研发能力

公司有技术支撑与保障，"高级定制"这种按需生产才唾手可得。

【防亏妙计】 按需生产，正在成为一股不可阻挡的潮流。激烈的竞争要求企业生产适销对路的产品；节能环保，需要企业最大限度降低生产成本。这一切都构成了"按需生产"的大背景。

3. 打开销路必须多动脑筋

许多人在日常生活中的行动都遵循一定的思维定式，即过去的思维影响当前的思维。在企业经营中，思维定式会令企业陷入亏损的困境，因此要想打开销路，就必须多动脑筋。

有人认为思维定式对人们思考问题有很多好处。例如它能使思考省去许多摸索、试探的思维步骤，不走或少走弯路，提高思维的效率，使思考者在思考过程中驾轻就熟。但思维定式不利于创新思考，尤其在公司发展中遇到的问题，往往只有运用创新思维才能得到解决。

日本的东芝电气公司曾一度积压了大量的电扇卖不出去，为了打开销路，公司用了不少办法，却依然不见成效。有一天，一个小职员提出把电扇由黑色改成浅色的建议。在当时，全世界的电扇都是黑色的。经过慎重研究后，公司最终采纳了这个建议。

第二年夏天，东芝电气公司推出的浅蓝色电扇掀起了一阵抢购热潮，解决了电扇积压的难题。东芝电气公司这位小职员的可贵之处就在于他突破了"电扇只能漆成黑色"这一思维定式的束缚，从而打开了销路，弥补了库存积压给公司带来的损失。

【防亏妙计】 思维定式会给人们的创新带来很大的阻力，尤其在企业的经营中，死板的思维甚至会使企业走向衰亡。因此，为了打开销路，老板必须带领团队开动脑筋，发散思维。

4. 经销商为何大量退货

目前很多厂家对经销商退货缺乏很好的应对方法，退换货行为越来越成为厂家的负担。比如：由于压货风险由厂家承担，经销商经常在旺季无所顾忌地大量囤货和大量铺货，淡季则大量退货，严重误导了厂商的生产决策，造成了库存积压和亏损。

为了更好地预防退货，合理处理退货，老板应首先了解经销商退货的原因。

1) 经销商的科学化经营水平普遍不高

因为经销商不直接面对消费者，从经销商手里出去的货主要是铺给了下级二批商和零售商，这些二批商和零售商在旺季后把货退给经销商，那经销商只好又得想办法退给厂家了。

2) 厂家业务人员的问题

由于很多厂家是以销量论英雄，导致业务员想方设法给经销商压货，却少有精力研究本地市场，做渠道的疏导工作。并且，若是经销商的压货量过大时，业务人员往往还会想方设法向厂家总部申请各类市场支持和促销费用，这就给厂家带来了不必要的损失。

【防亏妙计】　只有当老板弄清了经销商大量退货的原因，才能为应对经销商退货、防止库存积压和损失做好准备。

5. 两种控制库存的方法

相信每个企业老板在商场摸爬滚打多年，都有自己控制库存的独到手段。不过，从运作方式来看，库存的控制管理方法主要有两种。

1）推动式方法

在这种体系之下，生产计划是根据对需求的预测和物料的可得性来安排的。一旦计划形成后，每个工序就会推动部件到下一个生产程序。但推动式体系也存在一定的不足，它必须预计到客户的需求和估测交货的时间。错误的猜测（预测和估计）会导致大批量的存货，同时交货时间越长，发生错误的概率也越大。

2）拉动式方法

生产根据客户的实际需要来安排。每个工序只生产下个工序需要的东西，将库存降到最低。

【防亏妙计】　这两种方法的基本思想可概括为"在需要的时候，按需要的量生产所需的产品"，也就是通过生产的计划和控制，以及库存的管理，追求一种无库存或库存最小的生产系统。

6. 处理库存的常用方法

有的企业规模不断扩大，仓库不断扩大，销售额不断增长，可是流动资金却没见增长，所有付出都积压在仓库了。所以老板应集中力量合理处理库存，降低库存风险。

处理库存要讲"快、狠、准"三字诀。目前私营公司处理库存主要的方法如下。

1）在大商场设立特卖场或设立特价品专卖架

在大中城市的主要商场设立特卖场，提供一些品牌特价销售货品，以吸引顾客。

2）作为促销赠品发放给客户、经销商

刺激经销商多进货，但容易造成经销商把特价品随意抛售，影响品牌形象。

3）换商标改成其他品牌出售

可以减少特价处理对品牌形象的伤害，但消费者会对该商标存在质疑，对原品牌存在冲击。

4）转换流通渠道

一面走大中商场的专卖店，一面走批发经营，把相对滞销的产品以低价格从批发市场流通出去。但品牌的整体形象和价格体系容易紊乱，可能引起商场和批发商间的矛盾。

【防亏妙计】　市场容量有限，产品卖不出去，库存积压太多，是企业亏损的主要原因。所以，老板可以根据自身情况参照以上减少库存的方法适时采用，避免亏损。

7. 选对代理商

好客户是企业的利润之源，而信誉差、价值低的客户，会使公司库存积压，不断失血，走向衰败。

为了给企业树立正确的客户观，老板需把握以下两点。

1）学会正确管理

许多生产企业库存积压严重，大多是代理商在管理上出了问题。通常，错误的管理理念包括以下面。

来的都是客，有钱赚就是好代理商。

平时拖欠款是正常的，到年底再催收也不晚，结果到年底大量退货。

容忍所谓大客户的应付款一拖再拖。

发生纠纷一味迁就，怕得罪并失去代理商。

2）把不适宜的代理商果断地清理出去

果断清理掉退货严重的客户，取消拥有差客户比例高的业务员的客户开发权力。同时不断改善普通客户，使产品与客户的质量同步提高。

【防亏妙计】　对企业来说，如果代理商选不好，就会造成公司坏账、应收款剧增，库存增加。代理商选择公司，公司更应该选好代理商。

8. 克服"牛鞭效应"

在供应链中有个很著名的"牛鞭效应"，即零售商和批发商的订货量大于实际的需求量。这对供应链中下游的公司影响很大，它们往往不能及时反应，从而产生大量多余库存。因此老板要克服"牛鞭效应"，规避风险，减量增效。

老板可以从如下五个方面进行综合治理。

按一定标准对销售商实行分类、分级管理。如：一般销售商的订货实行满足管理，重要销售商实行充分管理，关键销售商实行完美管理，适时剔除不合格销售商。

获得其下游公司的真实需求信息，这样，上下游公司都可以根据相同的原始资料来制订供需计划。

面临供应不足时，根据顾客以前的销售记录进行限额供应，防止销售商为获得更多的供应而夸大订购量。

根据历史资料和当前环境，适当削减订货量。为保证需求，可使用联合库存和联合运输方式多批次发送。

提前回款期限。根据回款比例安排物流配送，保证订购和配送的双回路管理。

【防亏妙计】 "牛鞭效应"直接加重了企业的供应和库存风险，扰乱了企业的计划安排与营销管理秩序。克服"牛鞭效应"难题是企业实现正常营销管理的必要前提。

（二）零库存：企业告别亏损的必杀技

　　企业自诞生之日起，就难以摆脱库存的困扰。如何降低库存成本、提高库存周转效率，一直是企业老板格外关心、却不容易实现的难题。也正因为如此，零库存的诱惑才如此之大。

　　零库存对企业的益处是显而易见的，因此老板为避免库存风险和损失，应努力改善库存管理方法，打造企业零库存的理想模式。

1. 什么是零库存

　　库存，除了进行商品储存保管外，还具有整合需求和供给、维持物流系统中各项活动顺畅进行的功能。企业为满足客户的订货需求，常持有一定的库存。而过多的库存会增加成本。所以，为了减少库存，出现了各种库存控制方式，在尽可能低的库存水平下满足生产和客户的需要。零库存就是企业追求的理想状态。

　　零库存是指库存对象的数量趋于或等于零，库存设施、设备的数量及库存劳动消耗同时趋于或等于零。后一种意义上的零库存，实际上是社会库存结构的合理调整和库存集中化的表现，是很多企业追求的目标。

任何时候产品以存货的形式保留，都意味着资源没有产生现金流，而如果要使现金流最大，最理想的就是零库存。所以零库存的关键不在于是否拥有库存，而在于产品是存储还是周转的状态。

【防亏妙计】　如果企业能够在不同环节实现零库存，就可以规避由于市场的变化及产品的更新换代而产生的降价、滞销的风险。

2. 零库存管理方式有哪些

零库存对企业的益处是显而易见的，因此老板为避免库存风险和损失，应努力改善库存管理方法，打造企业零库存的理想模式。

零库存的管理方式主要有四种。

1）委托保管方式

将库存物资交给专业物流公司管理，并支付代管费用。优势是受托方利用专业优势开展规模经营活动，使委托方减少后勤工作。但库存位置的移动，并未降低库存物资总量。

2）推行配套生产和分包销售的经营制度

主要适用于制造业。企业与上游供应商之间构筑起稳定的协作、配套生产关系，形成稳定的供货渠道关系。免除生产企业在后勤保障工作上的后顾之忧，进而减少物资库存总量。

3）实行"看板供货"方式

此方式主要应用于零组件的管理上。指在企业内部各工序之间，或在建立供求关系的企业之间，采用固定格式的卡片，由下一环节根据自己的生产节奏逆方向向上一个环节提出供货要求，使需求者无须保有库存。

4）水龙头方式

用户按需求购入的方式，供货者以库存和有效的供应系统，通过多种方式配送，保证及时供应，使用户实现零库存。但供应商为随时响应用户需求，需要一定库存，因而社会的物资总量并没有减少。

【防亏妙计】 零库存可以使企业更好地避免库存积压造成的损失，所以为实现企业零库存的良好状态，企业老板要结合自身情况选择恰当的管理方式。

3. 成本领先：零库存的最大优势

零库存管理可以大大降低企业成本和损耗，打造企业的成本优势。

库存是生产系统设计不合理、生产过程不协调、生产操作不规范的产物，必须予以清除。而零库存之所以可以节约成本，在于它有以下几个特点。

零库存管理要求对整个供应链系统的存货进行控制。

强调对质量和生产时机的管理。

采购批量为小批量、送货频率高。

供应商选择长期合作，单源供应。

总之，零库存在应用过程中就是一种信息流的规划，通过这种规划，能够提高企业的资金周转率，从而降低经营成本，为企业的发展提供较大的利润空间。但是企业老板还必须明白，零库存只是手段，而不是目标。零库存是要降低成本，是希望企业能低成本运营，而不能一味地追求速度，忽略了工作质量，从而造成巨大的隐性浪费。

【防亏妙计】　老板应该加强对零库存管理的重视，以做到在生产、储存、销售等方面节约成本，帮助企业取得低成本的竞争优势。

4. 零库存管理的五大关键

根据现代经济环境和企业的特点，老板要想实现零库存管理就需要把握以下五个关键点。

1) 制定严格采购标准，严把质量关

制定严格的采购标准，保证物品质量。注意采购标准的检验和更新，避免过多的损货产生库存。

2) 构建电子商务平台，保障采购顺畅

构建电子商务平台，使供应商与生产商在更大的范围内共享信息资源，降低采购的风险。

3) 完善配送系统，实现信息共享

推行共同配送、加工配送等方式来完善配送系统，使库存周转率提高。借助现代信息系统的管理，实现各环节信息的共享，增加透明度，使供应商和生产者及时了解库存状况，避免不必要的生产。

4）减少内部前置时间，紧密响应需求形式

消除由各部门间运输物资所带来的等候时间，以看板系统代替库存组件，以减少内部前置时间。

5）加强验收力度，避免积压物资

制定物资验收标准，验收人员严格把关、高效运作。

【防亏妙计】　企业实现零库存需要在供应、生产、销售等活动中紧密配合，老板在进行零库存管理时，应积极考虑和完善相关流程，从而降低库存成本，争取最大的收益。

5. 在思想上重视物流管理

企业要想避免库存积压，实现快速发展，就必须重新思考和确定企业生产与物流之间的关系，积极引入现代物流新思想和新观念。

要做到思想上对物流管理的重视，主要从以下几方面入手。

树立现代物流管理思想。把物流运作管理作为企业参与市场竞争、形成经营优势的战略内容进行研究和决策，改变只重市场促销而忽视物流管理的状况。

形成供应链管理思想。把物流运作建成一个以满足经营需要为目标的供应链体系。

建立绿色物流观念。积极采用现代科学技术，推动企业物流的可持续发展。

树立第三方物流观念。根据物流资源状况，优化配置方式，实现物流功能一体化和物流配送市场化，不断提高物流效益。

随着国民经济的持续发展，现代物流已经受到我国各级政府和企业的高度重视，众多管理水平较高的大型工商企业已经把现代物流作为企业发展新的利润增长点，中小公司也需通过专业化物流设计，形成物流系统合理化，降低物流运作与管理成本，减少物流资源浪费。

【防亏妙计】 现代企业之间的竞争不仅在技术、人才上展开，同时也在物流和供应链方面展开。只有重视和加强物流管理工作，降低物流成本，才会形成和扩大公司的盈利空间。

6. 实现零库存的必要条件

如何降低库存成本、提高库存周转效率，一直是企业老板格外关心，却不容易实现的难题。也正因为如此，零库存的诱惑才如此之大。但企业老板应加以注意的是，由于产品是依托于整条供应链的运转才得以生产、加工和销售的，产品的价值或价格是由整条供应链的成本决定的。所以，零库存应该以整条供应链为考虑基础，而不要仅仅是简单地将库存压力转嫁给供应商或者分公司。

因此，要真正实现零库存，需要以下几个必要条件。

整条供应链的上下游协同配合，仅靠某个企业是绝对不可能的。

供应链上下游企业的信息化水平相当，并且足够高，因为零库存是与精益生产相伴而生的，这样才能顺其自然地实现供应链伙伴间的零库存。

要有强大的物流系统作支撑。

可见，实现零库存不仅要依托整个供应链上下游企业的信息化程度，还需要有合适的产业环境、社会环境。盲目追求形式上的零库存，只会使强势环节欺压弱势环节，最终破坏整个供应链的平衡。

【防亏妙计】　要想实现真正的零库存，就必须知道它实现的必要条件，摒弃了片面的思想，才能有效减少库存积压造成的企业损失。

7. 零库存的实施要点

在生产型企业的实际运作中，实施零库存必须把握好如下几个环节。

采购阶段：零库存对供货时间和质量要求极高，对于供应商的信誉、送货位置、送货时间、运输方式的选择至关重要。企业应注重与供应商建立长期可靠的合作伙伴关系，分享信息，共同协作解决问题，保证对订货的及时反映。

生产阶段：生产部门制订集中、详细的生产计划，严格按照计划操作，做到在生产过程的每一阶段或工序，制品的移动符合时间和数量要求，不出现闲置的零部件，从而减少库存数量。

销售阶段：充分考虑产品类型、市场特点、销售模式等因素。如针对特定需求而生产的产品一般不会出现库存，这意味着销售预测越精确，生产越需要及时交货的产品，就越容易实现零库存。

【防亏妙计】 "市场是产品的最后归宿"，仓库不过是产品的休息室，只有作出产品投向市场的快捷反应，才会顺利跨越生产至销售的惊人一跳，达到"零库存"的目标。

公司失败研究

公司亏损倒闭是怎么造成的

第十章

财务安全：
别让公司因资金链断裂而倒闭

市场上有不少公司业务能力很强、营销做得很棒、管理也没问题，但最后还是死掉了。为什么？因为它被债务拖死了。正如英特尔公司创始人之一的戈登·摩尔所说："公司在选定好财务总监、财务经理、会计、出纳等财务人员之后，就要制订一整套完整的财务制度来管理、监督和发挥财务部门的作用。"

如果债务问题不及时解决，累积到一定程度，到人们无法控制的时候，就像潮水冲破大堤一样。一旦积重难返，危机也就不远了！

（一）手头保持充裕的现金流

"流动的钱才能生出更多的钱。"公司手头可供随时支配的货币和活期存款能否为生产经营提供足够的现金，是公司生死攸关的大事。

只有做好现金管理，才能保证企业持续盈利和不断增强竞争力——任何交易只有在收到现金时才算圆满完成。否则，会紧缩企业的变现能力和盈利能力，甚至使企业资不抵债而破产。

1. 现金流帮助企业长远发展

现金流量是企业一定时期的现金流入和流出的数量。经济越快速发展，现金流量在企业生存发展和经营管理中的影响就越大，因为金钱是有时间成本的。特别是在面对危机的时候，充足的现金流不仅可以让企业避免破产的危险，还可以用于风险投资，从而实现变"危"为"机"。

现金流的管理不仅仅是财务问题，还直接与企业的发展休戚相关。充裕的现金流可以帮助企业实现长远发展。

那么，如何使现金流与企业的长远发展进行有效组合呢？

现金流管理不能一个人说了算，一拍脑袋就决定肯定不行，必须要通过前期调研、分析等一系列流程来保证决策的科学合理性。现在很多企业出问题，就是因为流程基本没有，老板想到什么就做什么，决策的主观意愿比重太大。

要有专门的部门对企业战略、风险战略进行长期跟踪，积累相应资料。无论是市场好的时候还是差的时候，这个部门都要持续运作，不能到出现问题后才开始考虑。

一个企业的财务部门、战略管理部门和风险管理部门之间的业务内容其实是有重叠的，那么就应该打通这三个部门的业务壁垒，比如定期举行通气会，每月、每季度、每半年召开分析会。

【防亏妙计】 企业的老板在经营过程中要始终贯彻一个理念：保持充裕的现金流。现金流关系到企业的生死存亡，它能为企业的发展提供强有力的支持，可以大幅度改善企业的竞争环境。

2. 有足够的现金才能有备无患

现金是公司的生命线，公司能否为生产经营提供足够的现金，对公司来说是生死攸关的大事。

只有做好现金管理，才能保证企业持续盈利和不断增强竞争力——任何交易只有在收到现金时才算圆满完成。否则，会紧缩企业的变现能力和盈利能力，甚至使企业资不抵债而破产。

在加强现金管理工作中，公司应发挥财务会计人员的作用。如果他们能够及时提供有价值的信息，企业就可以通过挖掘内部潜力解决现金不足的难题。但是，企业防范风险，保持手头现金主要还应从加强管理、预先防范上下功夫，可采用以下措施。

在原材料供应淡季，争取从供方以打折后的价格进货。

采取有效措施，控制和回收应收账款。

增添土地、建筑物和生产设备等固定资产时尽量采用租赁方式，减少现金支出。

由其他专业化企业提供配套产品和后勤服务，例如设备维护等，不要"万事不求人"，搞"小而全"。

严格控制原材料和成品的库存量，避免超额储备。

不将现金占用在对近期利润增长没有多大作用的大额订单上。

减少微利产品的产量，控制对降低成本没有多大作用的订单数量。

预先准备好企业技术改造所需资金，以免临时挪用流动资金，影响正常生产。

【防亏妙计】 流动的钱才能生出更多的钱。企业拥有足够的现金才能做到有备无患，只有现金才能帮助经营者偿付到期的债务，不能及时筹措到必需的现金会对公司的盈利能力和偿债能力造成严重后果。

3. 密切注意流动资金的占用情况

公司的资金可以分为固定资金和流动资金两类。用于土地、建筑物、机械设备等固定资产的资金是固定资金；用于购买或储存原材料、在制品和成品的资金是流动资金。

企业为了避免流动资金的短缺，应密切注意以下几个流动资金被占用的情况。

1）原材料

购进原材料时，一方面要保证购进原材料所必需的流动资金；另一方面，流动资金不能被非必需的原材料存货所占用，以免出现本来可以避免的现金短缺。

2）在制品

在制品是指在生产流程中正在制造、加工、装配尚未完成入库的半成品。

合理核定在制品的储备定额，避免在制品的超定额储存，这是减少占用资金的一项措施。

转入计划外特殊任务。有些企业在接受计划外的订货合同后，便中断正常生产线的作业，转向临时插入的其他产品，这种做法会增加占用的资金。

3）成品

积压大量制成品是产生现金危机的重要原因。对于成品生产管理，企业要做到以下几点。

认真计算成品的最低存量。

千方百计不积压成品。

随时查明订货和发货中断的原因。

4）催收欠款

检查有关人员是否积极上门催收应收账款。

要警惕突然出现的大额订单。

要经常检查合同条款是否存在漏洞，并且必须在有关条件落实后才能发货。

【防亏妙计】 公司要密切注意流动资金的占用情况，保证资金的合理利用。为了避免出现流动资金的短缺，公司可从原材料、在制品、成品、催收欠款这四个方面密切留意。流动资金的顺利周转，可以保证公司供产销的平衡和衔接。

4. 合理运用手中的资金

投资，并不是件容易的事情，它不仅涉及公司的经济状况，其结果还会影响到公司以后的发展。因此，在做投资之前，经理人一定要做好大量的准备工作，这样才能合理运用手中的资金，节约不必要的开支。

要做到合理运用手中的资金，应该遵循以下几个原则。

制订一套适合自己实际情况的投资计划和策略，千万不能乱点谱，闭着眼睛瞎投资。

定期检查并调整投资项目，不能一条道走到黑，要随机应变，见风使舵。

投资分析尽可能做到客观公正，尽量考虑各种影响因素，时时保持冷静头脑，切不可意气用事，误打误撞，更不能把赌博的心态带入投资活动中。

【防亏妙计】　在投资过程中，要对合理运用资金早做准备。老板制订一个明确的方针来指导资金的合理运用，在经营活动中显得至为重要，这样就可以避免投资失误为公司带来的浪费和损失。

5. 投资一定要有计划性

在制订投资计划之前，企业老板不仅要明确投资的指导方针，还应对投资所涉及的一些具体情况作深入地调查了解，这样才能使计划具有可实施性。在制订计划时，老板应对下列情况进行全面地分析了解。

1）投资的宏观环境

宏观环境，是商业投资者本身无法控制的外部因素。它主要包括经济环境、政治与法律环境、科技环境、文化环境等。

2）调查货源情况

货源情况，对商业投资者来说，是必须了解和考虑的重要因素。只有具备充足的货源，商业投资项目竣工并投入使用后，才能正常运转，获取合理收益。

3）调查需求状况

消费者的需求状况如何，直接决定着商业经营的好坏。没有需求的商业，是无法做到买卖兴隆的。

4）调查竞争状况

一般来说，需要了解的情况如下。

竞争对手的数量。

竞争对手的经营状况。

竞争对手的劳动效率。

竞争对手的优势和弱点。

竞争策略以及潜在竞争对手等。

5）商品销路的预测

预测商品销路是投资前必不可少的准备工作。要想掌握产品今后的销路，除了了解所经营商品本身的特点外，还包括商品设计、性能和用途、造型、包装、安全性等要点，还要了解顾客构成、需求水平、购买心理和购买习惯等因素，并且进行通盘考虑。

【防亏妙计】 在投资之前，一定要制订一个切实可行的计划，对投资的宏观环境、货源情况、商品需求状况、商品销路及市场上的竞争状况，都有全面的了解，做到心中有数。有计划性的投资才会为公司带来收益。

6.“疯狂投资”其害无穷

投资是一门艺术，既有巨大利润的诱惑，又充满着可怕的陷阱。因此，投资需要理智。如果投资失去了应有的理智，变成了“投资狂”，其危险无异于“盲人骑瞎马”。

疯狂投资对于企业来说，就像一个人在自己胳膊的动脉上划了一道，也许经理人感到"清凉透爽"，但企业的"鲜血"却在时时刻刻浪费着、流淌着，直至企业突然倒下。

疯狂的投资会让企业暂时获得令人瞠目的迅猛扩展，但这种胡乱投资，非但赚不到钱，还有可能会亏本，甚至造成"吃钱"的无底洞，最后让企业如泡沫般消失。

在未来无疆界的经济中，企业就是要追求成长。作为管理者，往往更应该让公司采取"积木式"的成长战略，每搭建一块积木都是扎扎实实，而不是通过一步到位的资本运作提升企业竞争力，否则，等待企业的只能是死亡。

【防亏妙计】 市场有风险，投资需谨慎。在利益的诱惑下，作为管理者，很容易失去理智，疯狂投资。无理性地扩大企业规模，投入生产成本，会让企业承担很大的资金风险。因此，企业老板切勿疯狂投资。

7. 制订严密的资金使用流程

"借钱难，用钱更难。"公司要用好钱就要"把钱花在点子上"。这就要求公司的经营者在运用资金时，随时注意根据各种资金的性质、结构和营运的需要，合理分配，使之能周转如流，避免风险，达到盈利的目的。

资金运用是事关公司存亡的重要问题。为方便公司资金的合理使用和分配，提高资金使用效益，公司制订严密的资金使用流程就成为完善公司体制必不可少的环节。

比如，公司在进行项目投资时，募集资金的支付须严格按照公司资金管理制度，履行使用审批手续。凡涉及每笔募集资金的支出，均应由公司有关部门提出资金使用计划，经主管经理签字后，报公司财务部门审核，由财务总监及总裁签字批准后办理付款手续。

制订严格的资金使用流程，体现了公司在使用资金时充分考虑了资金的实际情况，有助于控制资金风险，合理利用财务杠杆以取得最佳效益。另外，公司资金使用的内部控制建设应遵循规范、安全、高效、透明的原则，遵守承诺，注重使用效益。

【防亏妙计】 为了公司的资金能够得到合理运用，公司应制订严密的资金使用流程，建立严格的审批程序。这样有利于保证公司的资金按照计划的用途使用，确保资金周转顺畅，提高公司资金的使用效率，降低使用资金时的风险。

8. 合理的资金运用方案

一家成功的企业需要合理的资金运用方案。

投资之始，筹足稳定可靠的自有资金，是运用好资金的重要条件。即使在自有资金不足，需要借入资金使用时，也要注意资金成本、归还来源及归还期限的搭配等。这是掌握资金运用的要领。

在公司营运过程中，固定资产与长期债务的比率要合理。固定资产使用期限长、价值补偿分散、周转慢、变现（即转变为货币资金）能力差。因此，公司在获得长期债务来源时要充分考虑抵偿债务的能力。一般固定资产规模要高于长期债务规模，即长期负债的比率不宜高于固定资产的价值。其结构比率视公司投资结构而定。

流动资产与流动负债要保持适当比率。流动资产具有周转快、变现力强、有自偿能力（销售后回笼）的性质，但其有遭受市场风险、违约风险和财务风险的可能。这要求在运用流动负债的同时要考虑它对流动资金的比率与配合。一般应做到流动资产高于流动负债的比率，并随经营状况随时调整。

公司在运用资金问题上，还需注意两点：一是公司和它的组织经营者必须熟悉和精通金融业务，随时掌握金融市场的变化，以此来为公司获得广泛的资金融通服务；二是公司必须树立商品经济的投资意识，实行投资决策的科学化和民主化。

【防亏妙计】　对公司而言，要追求利润，就应把手中的钱用活。这时一份合理的资金运用方案不可或缺，它要求运用资金的结构和比率合理。这就要通过公司健全的供、产、销计划和财力收支的综合平衡，并随时注意调节资金营运行为来实现。

9. 资金稳定才能步步为营

投入资金要保持一定的稳定性，在投资决策时应充分考虑，投入规模上要留有一定的余地，投资过程中不要随意增加投资。否则，就可能造成公司投资后的生产和经营陷入困境。企业在开展投资活动时，为控制和预防经营风险的发生或者在风险发生时能够及时拯救危机，应十分注重资金的稳定。

1）有计划地投入

流动资金是维持公司正常运作和发展最宝贵的"血液"，如果事先没有计划好，盲目投资，在投资的过程中再不断增加资金，必然要影响到公司的正常运作。

2）筹资方式要保持相对稳定

如果公司的投资资金需要筹借而来，这些筹借的资金就成了公司的负债，到期是要还本付息的。所以，为了防范风险，最好不要频繁更换筹资方式。

3）具有业务往来的金融机构要相对稳定

企业要保持业务往来金融机构的稳定性，如果公司一旦发生危机，与其业务往来频繁的金融机构往往可以使它省时间、省手续，并且享有优先权，快速获取挽救危机所需的资金。

【防亏妙计】 企业管理者在经营的过程中，资金稳定才能达到步步为营的效果，降低投资的风险性。因为稳定的资金投入具有连续性，是真正有效的投资行为，会让投资者真正受益。

10. 把钱用在点子上

学会管理资金，把钱用到点子上，对公司经营非常重要，易于企业对经营状况作出正确的判断和调整，防止亏损。

身为老板，应该特别注意到在固定资产及流动资金之间应有一个恰当比例的投资额。

一个总的资金使用原则是：小心地投入资金，一定要花得恰当，而且事先要有充分而详细的计划才行。

1) 做好资本预算

资本预算，即大体需要多少固定资本和流动资本。在经营前，应该对每个经营环节进行精心的资本预算，先估算所需的固定资本额，再决定所需的流动资本。然后通盘考虑，精打细算，该购置的设备器具要不惜血本购置，可花可不花的钱就尽量节省。

2) 制订一个运用资金的详细计划

搞好资本预算后，就应该制订一个运用资金的详细计划，在以后的经营活动中要严格按照这个计划行事，定期结算，并与原先的计划相比较，找出预算与结算的差异。根据差异及时调整经营措施，力求逐渐接近你的计划，增加盈利。

3) 坚持现金交易，并做好流水账

资金管理重要的一环是平时销售最好采用现金交易（尽量不赊账），并设立严格的现金支付记载，就是流水账。要求当天营业当天清点，营业结束后做一次结算，每月再做一次总核算。

【防亏妙计】　在对资金进行管理时，老板可根据自己的经营规模和能力，对经营费用进行预算，制订详细的资金运用计划，并坚持用现金交易，做好流水账，把每一分钱都花在点子上，这样就可以杜绝企业受损的情况发生。

11. 做好现金流管理

现金流即指企业在一定会计期间以收付实现制为基础，通过一定经济活动（诸如经营活动、投资活动、筹资活动和非经常性项目）而产生的现金流入、现金流出及其差量情况的总称。

在现代企业的发展过程中，决定企业兴衰存亡的是现金流，最能反映企业本质的是现金流，在众多价值评价指标中基于现金流的评价是最具权威性的。具体来说，企业可以按照以下的措施完善自己的现金流管理。

培养管理层的现金流量管理意识。企业的决策者具备良好的现金流量管理意识是现金流量管理的基本前提。这个意识来自现代企业制度的管理创新，代表着最新的企业财务管理理念，是现代跨国公司发展的必然趋势。

建立现金流入流出管理制度，建立现金流量管理的系统控制框架。企业在开展现金流量管理时，必须制订有效的现金流量的集中管理制度，建立现金管理的框架体系。这样企业就可以通过制订定期的管理报告、预算与预算控制报告来对现金管理进行及时的反馈，做出相应的调整。

建立相应组织机构，加强现金流量的监督与管理。企业要在管理人员定期监督的情况下，将现金管理落实到每一个部门、每一名员工，保证现金管理的每一部分都有人负责，不应存在无人愿意负责的不确定领域。同时，建立相应的奖惩机制，来调动职工的积极性。

建立以现金流量管理为核心的管理信息系统。将企业的财务管理从传统的记账、算账、制作报表为主转向财务控制、项目预算、资金运作、业务开拓、决策支持等主动运营上来，真正预测和把握企业现金流量的流入流出，以"现金流量管理"作为财务管理的创新核心，将工作流程与财务管理有机地整合在一起，抓住信息网络化这一机遇，实现企业管理跨越式的发展，才能真正提高企业的核心竞争力。

【防亏妙计】 按来源性质不同，现金流量可以分为三类：经营活动产生的现金流量、投资活动产生的现金流量和筹资活动产生的现金流量。针对现金流的种类不同，老板必须安排好现金使用计划，保证公司整体上的现金充裕，避免发生资金链断裂的情况。

（二）别让公司被债务拖死

市场需求的旺盛，使老板盲目生产的势头增加，这时公司最容易出现资金拖欠现象，债务链开始产生。公司之间相互拖欠形成的"三角债"屡解屡结，难以清理，有的甚至形成了跨省市、跨行业的债务连环套。

市场上有不少公司业务能力很强、营销做得很棒、管理也没问题，但最后还是死掉了。为什么？因为它被债务拖死了。老板要明白一个道理，公司有应收账款是正常的，但是要防止产生呆账、坏账，别发生资金链断裂。回款抓不好，所有努力都是白费。

1. 减少不良的应收账款

"应收账款"是一种资产，但是不良的应收账款过大，则可能变成不良资产，把企业拖垮。因此，减少不良应收账款，是保证资金安全、减少亏损的重要举措。

1) 建立完善的开户制度

有的老板为了抢占市场，在未对客户资信作深入调查、正确评估的情况下，就草率地采取赊销的销售方式与客户合作，从而导致了一部分周转不良的应收账款。比较妥善的做法应是在走访市场，整体了解客户的相关情况后，按照行销意识、市场能力、管理水平等指标对客户进行综合评估，选择有实力、有信誉的客户作为合作伙伴。

2) 培养回款优先意识

客户在向其供应商支付货款时，会根据以下原则选择支付的先后顺序。

产品整体销售金额的多少。

产品对客户利润贡献的多少。

客情关系的维护程度。

厂家对货款管理的松、紧程度。

根据以上原则，为了培养客户的优先回款意识，老板应和客户保持融洽的关系，每到结款时间一定要如约前往，在客户心目中形成"这一供应商的货款不可拖欠"的印象，从而让他将本公司的付款顺序排列在其付款计划的前面。

3）形成有序的对账制度

应该与客户形成定期的对账制度，每隔三个月或半年就必须同客户核对一次账目，对好业务往来和财务结算明细账。

【防亏妙计】 为了公司不被债务拖累，老板应对不同类型的货款加以不同的催收力度。同时，依据货款金额大小及类型、客户付款程序的繁简等因素，作出一个轻重缓急的货款催收计划，有步骤地开展货款催收工作。

2. 养成及时对账的好习惯

对账是企业核算的必经程序，通过对账，能发现和纠正绝大部分错账。因此企业要有一套好账本，及时对账，别出现财务混乱。

对账是对账簿记录进行核对的工作，包含以下几方面的内容。

1）账证核对

根据各种账簿记录与记账凭证及其所附的原始凭证进行核对。每月月底，如发现不符时，需进行账簿与会计凭证的检查核对，确保相符。

2）账账核对

指对各种账簿之间的有关数字进行核对，看其是否相等。包括：

总分类账各账户本月借方发生额合计数与贷方发生额合

计数。

总分类账各账户余额与其所属有关明细分类账账户余额合计数。

现金日记账和银行存款日记账的余额与总分类账账户余额；

会计部门有关财产物资的明细分类余额，应该同财产物资保管或使用部门的登记簿记录的内容，按月或定期相互核对，确保相符。

3）账实核对

指各种财产物资的账面余额与实存数额相互核对。包括：

现金日记账账面余额与现金实际库存数；

银行存款日记账账面余额与开户银行账目；

各种材料、物资明细分类账账面余额与材料、物资实存数；

各种应收、应付款明细分类账账面余额与有关债务、债权单位的相关账面金额；

养成整理对账单的习惯，可以帮助企业及时发现财务问题，作出相应调节，也是防止亏损的途径之一。

【防亏妙计】 养成及时对账的好习惯，利于加强公司对账目的管理，能够发现问题，作出调节，避免公司的债务危机，防止公司步入因财务危机而积重难返的局势，从而实现减少账目亏损的目的。

3. 防止产生呆账、死账

通常，应收账款的形成与公司赊销政策密切相关，其规模与销售收入正相关，即销售收入增长将引起应收账款规模的增长。公司信用政策过于宽松，导致应收账款规模迅速扩大，一旦货款不能回笼，公司将陷入"账面利润多多，账户资金空空"的窘境，利润将大打折扣。如控制不力，公司将被大量的呆账和死账拖垮。

为防止这种情况的发生，需做好以下几方面的工作。

进货情况。主要是进货的时间、频率及数量，如果客户在淡季多次大批量进货，显然是不正常之举。

销售方式。注意客户有无恶意窜货跨区域销售、"放血"削价抛售、"跳楼"清仓甩卖等行为。

人事变动机构调整。原来负责对口工作的相关人员或组织机构，一旦有变动或调整，务必要求客户办妥移交手续，最好是以企业法人身份作出货款确认工作。

付款时间。如果一向按时足额付款的客户一再要求延长付款时间或分批支付货款，其中必有蹊跷。

经营方向。实力本来就不济的客户突然转向投资或兼营其他行业，在财力和人力上必然勉强。如果客户失败了，公司很可能就成为他倒账的对象。

公司在把客户当上帝的同时，也要有防备心理，否则呆账、死账会给企业造成不必要的货款流失，一定要防患于未然。

【防亏妙计】 呆账、死账会给企业的财务带来冲击，如不重视甚至会拖垮企业。所以企业老板一定要"紧逼"拖欠账款的单位，追回欠款，杜绝呆账、死账，防止企业大面积亏损，减少企业的资金损失。

4. 催款讨债大有学问

催款是债权人维护自身利益的一种手段，它得到国家法律的保护，具有合法性。作为一项复杂的智力与商业活动，催款往往需要综合使用各种方法，具体如下。

1）釜底抽薪

面对顽固的欠账大户，老板不一定要与其正面交锋，而要想办法削弱甚至消灭其赖以生存发展的根本条件，迫其乖乖地完"币"归赵。

2）杀一儆百

在数量上，当债权人面临的债务人不止一个而是好几个，债权人又没必要、没时间和精力一一对付他们时，可以考虑使用杀一儆百的方法。选准了这个"一"，就可以起到威慑他人的作用。

3）建立融洽的私人关系

讨债人利用人际交往中的心理交流，通过与债务人建立某种信任、友谊和支持，造就一种融洽的气氛，从而达到目的。这是值得研究和提倡的方式。

4）欲擒故纵

催款者在运用这一方法时，可采取以下方式。

少予多取，即少给对方一点利益，以便取得较多的利益。

短予长取，即短期内给予对方一定利益，以便取得长期利益。

（5）借助外力

在新闻媒介上对逃债、赖债者予以曝光，限期履行，这是一种有效的催款方法。

由此可见，老板要掌握必要的技巧，学会跟债务人打交道，才能要回每一分钱，讨回每一笔账，才能为企业减少融资成本，使盈利不受损失。

【防亏妙计】　催款、讨债是一种合法行为，它能为企业追回拖欠账款，增加企业的周转资金，从而提高企业的盈利水平。但并不是每一位催款人都能成功地收回欠款，所以老板要讲究方式和策略。

5. 减少客户"赖账"行为

现代市场竞争激烈，为了提高市场份额，增加市场利润，赊销是必须的，否则企业毫无竞争力，无法开拓市场，最终走进坐以待毙的境地。但在经济活动中，老板不可避免地会遇到一些不讲信用客户的"赖账"行为。为减少这种情况的发生，老板可做到以下几点。

1）签订严密的销售合同

在与客户合作之初，就以加盖了有效印章的《购销协议》《买卖合同》等具有法律效力的文书，详细地对货款结算作出规定和说明，如供货价格（也就是结算价格）是多少、结款方式或具体的结款时间。

2）控制适当的铺货广度

在产品营销过程中，如果铺货面过广，覆盖了一些无规模无实力无信誉的"无效"客户，不但不会扩大销量，反而会增加货款催收的难度，应收账款的风险也会同时增加。因此，没有必要对市场内的每一家客户进行铺货。

3）掌握恰当的发货频率

在合作过程中，营销人员除了及时送货之外，还可以巧妙地控制发货频率，给客户施加压力。这主要有以下几种情况。

对"送二结一"的产品，可将客户购货要求化整为零，多批次、少品种、少量地给客户供货。

将优势品种断货。

前款不结，后货不送。

以上举措，有利于防止客户拖延支付货款的期限或减少支付金额，从而达到按时足额结款的目的。

【防亏妙计】　良性的财务状况，有利于企业健康运行。要减少客户的"赖账"行为，因为这种行为会给公司财务带来危机，削减流动资金量，严重时导致企业资金链断裂，直至破产倒闭。

6. 对付不温不火的"钉子户"

目前，企业间普遍存在着拖欠货款的问题，它已成为经济运行中的一大顽症。而当债权人在讨要货款时，有时会碰到不温不火的"钉子户"。老板在对待"软钉子"时，要方法得当、巧妙，以免画虎不成反类犬。

华山集团是一家以经营服装为主的综合性公司，与东北某公司签订了30万元的服装销售合同。合同约定，华山集团发价值30万元的"珍珠翠"牌衬衫3万件给东北某公司代销。当时，该公司称其效益欠佳，不能立时货款两讫，华山集团答应其在服装销售后付款。

一年后，当华山集团代表去催收货款时，却碰了拖账的"软钉子"。该公司经理孙某一见到华山集团代表，就说公司效益不好，表示无力偿还欠款。

华山集团代表马上拨通华山集团总裁妙某的电话，妙某马上派人去调查"珍珠翠"衬衫在该公司的销售情况。通过调查，华山集团发现该公司效益很好。

妙某马上电告孙某：经市场调查，贵公司效益良好，望能依合同按时付款，否则本集团将诉诸法院。孙某接到此电后，打消了赖账念头，很快就将欠款付清了。

欠账会严重影响企业资金的周转，当债务人拒绝履行义务，打算一拖二逃时，债权人有必要诉诸法律，请求强制执行。

【防亏妙计】　对于不温不火的"钉子户"，企业老板可以在掌握市场信息后，重拳出击，据理力争，直接诉诸法律，不给拖欠单位留任何商量余地，使"软钉子"无法施展。

7. 谨慎对待贷款担保

风险始终是与企业发展相伴随的，幻想零风险是不现实的，关键在于老板怎样看待风险，怎样将风险降到最低。如果一个老板对自己面临的风险懵懂不知，盲目为别人做贷款担保，则会给企业造成极大的损失。

金华百货有限公司是创办于1950年的老国有企业，1995年它跻身全国商业百强，并改组为股份合作模式的有限公司。

从1995年3月开始，金华百货有限公司的董事长兼总经理单华不顾公司章程的明文规定，无视金融风险，背着广大职工，先后十多次为他人作贷款担保。被担保一方，有的拿到贷款后逃之夭夭，有的因经营亏损无力偿还。银行为此纷纷诉诸法律，这些无从落实的贷款连本带息全部转到了金华百货有限公司的头上。

最后，单华受到了法律的制裁，但他给金华百货有限公司造成的巨大损失已无法挽回。支付一连串的担保赔偿金使金华百货有限公司元气大伤，原本良好的商业信誉也大打折扣。没了货源，没了资金，原先红红火火的生意也急转直下。

这个案例告诉我们，贷款担保要谨慎对待。一旦贷款人出现资金周转困难或经营不善，无钱还贷时，担保人就要承担连带责任，自己的财务也会出现状况，这会把公司拖进无底深渊。

【防亏妙计】 商海行船，时刻都要注意规避风险。作为企业领导，不要盲目地感情用事，为他人作贷款担保，这样不讲原则、无视风险的行为，会给企业的资金带来安全隐患，最终只能害人害己。

8. 正确看待公司负债

曾几何时，欠债是贫穷的标志，但如今许多"富人"也开始借钱，他们在衣食无忧的情况下通过借贷来扩大经营，借钱生钱，负债经营，这对于许多白手起家创业的人不失为一条路子，如果这个风险你不冒，你一步也迈不出去。

世界著名船王洛维洛的发家史，应该说起源于其负债经营。早年他一无所有，起初向朋友借了一笔钱，净赚了1000美元。

他想，借贷对于一个一贫如洗的人创业是多么重要，如果没有朋友借给自己的钱，又哪能赚回1000美元？如果自己从银行贷到一笔钱，先买下一艘货船改装成油轮，然后自己经营，不是就可以走出困境吗？

经过一番周折，洛维洛用银行贷来的第一笔钱买了他所要的旧货轮，改装成油轮租了出去，然后用分红作抵押，又向银行借了一笔钱，再去买另一艘船。

随后，他用同样的方式，不断地抵押贷款，最终将贷款本息逐步还清后，而他亦成了真正的世界著名船王。

负债并不可怕，要正确看待。只要有思路，就有事业在，撒出去的钱一定能赚回来。负债经营在企业经济活动中可以充分利用资金，增加盈利。如果手中握着大把的钱，却不知道该做什么项目，没有投资方向，也就是钱花不出去，或者根本就不知道怎么花，这才真的可怕。

【防亏妙计】 企业负债经营，一方面可以促进企业不断提高经营的管理水平，另一方面还可以最大限度地节约开支，增加收入，提高资金效益，为企业决策提供信息和依据，降低企业亏损的风险。

第十一章
反败为胜：
面对亏损，积累止损经验

投资中的亏损，是个沉重的话题。亏损不仅导致了公司的财富缩水，也或多或少地影响到了老板的心理状态，以至于大家谈亏色变。

适时的止损很关键。它不仅防止了巨亏的酿成，也为后续操作留备了空间和余地。所以应不断积累止损经验，进而反败为胜。

（一）宁可少赚，不可赔钱

赚钱不容易，少赚一些，尽量保住老本，还有重新再来的机会。如果总是亏损，任何一个老板都会吃不消，因为你手里没有多少钱经得住损耗。

开公司，当老板，都是奔着赚钱来的，但是看到钱不能昏了头脑，对潜在的亏损视而不见。总的原则是，宁可少赚一点，也不要踏上亏损的雷区。

1. 亏损来自市场风险

投资的目的就在于财富的保值、增值，通过市场运作，为自己赢得投资性收益。或许正是这一点，亏损永远让人们觉得那么难以承受。当亏损发生时，一方面，人们会惋惜财富的缩水，另一方面也会产生明显的受挫感。

事实上，亏损的产生来自市场风险。它无所不在，只不过是风险高低的区别而已。或许有人说，我把钱存在银行里，不就没有风险，没有亏损了吗？可是，当通货膨胀率高于存款利率时，也就是我们常说的"负利率"时，存款的同时其实也就意味着本金的缩水，我们的存款产生了亏损。

不可否认的是，低风险产品所产生的风险及亏损可能比较小。而在其他的投资市场上，像股票、基金、债券、期货、外汇等产品上，亏损却是时时看得见、摸得着。这是因为风险而带来的价格波动无处不在，无论是过去、现在还是未来，我们都难以找到一个单边上扬的市场，价格的起伏波动，便会产生亏损。

从这个意义上说，投资市场上没有常胜将军。在投资的过程中，会不断地出现盈利、亏损、盈利、亏损……周而复始，所以说亏损是投资的常态。因此，当亏损发生时，不必懊恼，也不必沮丧，最重要的是竭尽所能地减少亏损给自己所造成的损失。

【防亏妙计】 在任何一个市场上，亏损都是难以避免的，它来自市场本身的风险性。因此企业的领导者要敢于直面投资过程中任何状况下的亏损，竭力挽救经营上的败势，减少损失。

2. 制止错误，避免更大的损失

成大事者的习惯是，如果这条路不适合自己，就立即改换方式，重新选择另外一条路。对企业来说，如果一个决策是错误的，那么当你发现时就应该立即制止并另寻他路，这样才能避免继续浪费公司的资源。

杜邦家族就懂得这个道理。"我们必须适时改变公司的生产内容和方式，必要的时候要舍得付出大的代价以求创新。只有如此，才能保证我们杜邦永远以一种崭新的面貌来参与日益激烈的市场竞争。"这是一位杜邦权威人士对他的家族和整个公司的训诫。

第一次世界大战使杜邦获利颇丰，但杜邦并没有被暂时的利润所迷惑。早在大战初期，杜邦公司创始人皮埃尔就已意识到天下没有不散的筵席，于是他开始使公司的经营多样化，最后选定化学工业作为杜邦新的发展方向。

事实上，杜邦家族其后100年经营化工用品而发迹的家族史就证明了这一转变是极为成功的。

由此看来，一个真正的公司领袖不仅要有经营管理的才能，更需要有一种商业预见能力。在日趋激烈的商业竞争中，如果发现错误，不及时制止并作出比较切合实际的预见，那么公司会因此蒙受巨大的损失，发展的道路也会因此越走越窄。

【防亏妙计】　一家企业的老板，应具有一定的商业预见能力。当发现某项决策是错误的时候，就要马上停止行动，以避免进一步的损失。如果抱着赌博的心态，明知是死路也要往前冲，等待你的将是更大的失败。

3. 找到企业的安全边际

正如巴菲特所说，投资而不亏损的秘诀就是找到企业的安全边际，这主要指控制风险的问题。

以金融业为例，控制风险主要包括以下几个方面。

1）建立完善、垂直的风险控制体系

风险控制得比较好的金融集团，不仅建立了完善的风险管理体制，而且建立了垂直的风险控制体系。

2）保持风险控制的独立

这种独立性不仅表现在风险控制要独立于市场开拓，还表现在程序控制、内部审计和法律管理三个方面。

3）建立相应的风险控制指标体系

完善金融业风险控制的各项指标体系，建立一套专门的信贷资产制度。

4）建立健全各项风险控制的规章制度

金融类公司应当建立一套有效的风险控制制度体系，其中应包括资产负债管理制度，授权授信、审贷分离及岗位操作与责任约束制度，以风险控制和评估为核心的风险管理制度和以风险转化为内容的保障制度。

5）建立合适的风险控制奖惩制度

对历来风险控制严格、尺度把握准确的风险控制人员，公司要有所激励。如果经过审计和调查，发现市场拓展人员或风险控制人员在一笔贷款运作过程中存在主观故意而造成损失，则应视情节轻重给予相应的处罚。

6）建立独特的风险文化

风险文化是一个成熟公司文化的重要内涵，这个内涵就是风险威胁生存。

【防亏妙计】　一个企业要想更好地生存，就要真正地面对威胁、解除威胁。只有找到了企业的安全边际，才能实施积极的风险管控，严格控制投资中的风险，保证企业融资安全，防止利益受损。

4. 减少不必要的亏损

尽管亏损是投资过程中不可避免的常态，任何一位投资者都会有亏损的体验和经历，但是除了市场风险本身之外，在我们的投资决策中，也难免会出现一些不必要的亏损。

与市场风险所产生的亏损所不同的是，不必要的亏损往往源自投资决策过程中的盲目行为。

在市场经济下的投资活动中，有的人对于投资的产品并不了解，也没有花精力和心思去了解其中的要点，便把大笔的资金投入其中，出现亏损时才去琢磨其中的情况；有的人出自贪婪心理，相信自己有快速致富的运气，被蒙骗上当损失惨重；有的人不讲究投资的理性，市场火热时一拥而上，市场变化时又火速撤退。

这些经验与教训，同样也是公司领导者在投资过程中的前车之鉴。如果公司领导者善于总结这些经验和教训，就能杜绝这些不必要的亏损，投资的道路无疑也会平坦许多。

【防亏妙计】　经营中的亏损是无法避免的。但由于经营者的盲目投资行为所造成的不必要亏损还是可以杜绝的。只要你善于吸取经验、教训，全面理智地投资，必然会降低风险，减少这些不必要的亏损。

5. 如何避免巨额亏损

投资过程中，如果遭遇了巨额亏损，给企业带来致命打击的同时，投资者也会感受到较大的压力，有强烈的受挫感。因此，如何避免巨额亏损就成了摆在每个投资者面前的重要课题。

1）忌"贪"

投资者往往都有"贪"的心理。一旦贪欲作怪，就无法正确判断自己的能力与投资品的风险。"保赚不赔""百分百获利"，这些诱人的承诺最终可能让你血本无归。摒除了自己的贪心，即使有亏损，也不可能出现巨额亏损，这是投资的第一道"防火墙"。

2）忌"盲目"

很多投资人根本不了解自己的投资标的就匆忙投资，结果导致巨额亏损。投资不是请客吃饭，至少要选择自己熟悉的品种和工具，就算没法"无往而不胜"，至少也不会招致巨额亏损。

3）忌杂乱无章，各种投资品一盘散沙

虽然强调分散投资，但不是看到什么就买什么。如果仅仅是为了"分散"而"分散"，完全不从整体上进行恰当的配置，那么最终也会完全不得要领。归根到底就是一个道理，在投资安排上必须综合考量，有目的地去配置，才能达到效果。否则，随便胡乱搭配一下，只能适得其反。

可见，巨额亏损是可以避免的，如果采取以上措施，就可以有效降低投资的成本和风险，避免企业遭受重创。

【防亏妙计】　投资者往往会因为向往巨额的利润而不断投资，这种投资通常是缺乏理智的胡乱投资。不但不会给企业带来巨额的利润，反而会把企业拉向破产的深渊，让企业资金出现巨额亏空。

6. 避免亏损的四大法则

虽然导致投资亏损的情形很多，原因很多，但仍有一些最常见的原因警示我们在投资过程中该如何避免亏损。

1）不投资不了解的产品

对投资而言，首要的一条是"不选特别能赚钱的，只投自己熟悉的"。投资前，必须事先积累一定的金融投资专业知识，想明白了，看明白了，再出手。这样心态更平和，投资行为更理性。

2）不盲目"跟风"投资

过度依赖某一种投资工具、过去的绩效或别人的经验而盲目跟风，是最冒险的行为。如果盲目跟风，不根据自己的能力和实力去投资，那么，亏损很快就来找你了。

3）投资过于冲动欠考虑

对投资而言，情绪的控制意义重大。比如，在证券投资中，应该不以涨狂，不以跌惧，而要让理性成熟的投资理念来控制你的情绪。

同时，对每项投资的预期收益、潜在风险等都应有所考量，并将其放置在整体投资计划中，那就可能避免一些不必要的损失。

4) 不把鸡蛋放在同一个篮子里

为了避免较大程度的损失，大多数投资者会分散风险，不把鸡蛋放在一个篮子里。

谁也不愿意投资失败，但似乎谁也无法保证自己的投资可以万无一失。以上四大法则，或许能为你避免亏损提供借鉴。

【防亏妙计】 投资亏损的原因不一而足，似乎无规律可循，但避免亏损的四大法则能为各个企业的领导者降低风险、谋求高收益提供可行性建议，为公司的投资理财创建稳健的未来。

7. 避免周期性亏损

投资周期性行业，必然会遭遇企业盈利波动大的状况，可能出现周期性亏损。如平板玻璃行业周期性亏损现象是指每隔三四年就会出现一两年的行业整体亏损。下面我们将对避免周期性亏损的措施进行探讨。

通过联合重组、收购兼并，提高行业的生产集中度。市场竞争推动了行业集中度的提高，由几家大型企业集团掌握行业话语权，就能在一定程度上避免或延缓市场好时盲目上线、市场差时恶性压价现象的发生。

发挥行业协会的协调功能，建立健全企业间的协调机制，在市场形势向好时勿使产品价格上涨过快。在市场形势好时往往产品价格上涨过快，产生"资本吸纳效应"，使同业竞争者的数量不断增加。因此，有必要建立健全企业间的协调机制。

跟踪把握国家宏观经济和相关行业的发展趋势，发布行业发展预测信息和阶段性产能过剩的预警信息。政府有关部门、行业协会和专业市场调研机构，可采用统计分析、模型预测等方式，跟踪把握国家宏观经济和相关行业的发展趋势，及时发布行业发展预测信息和阶段性产能过剩的预警信息，抑制企业的扩产冲动。

在发生阶段性产能过剩时，采取协调沟通、限产保价等应急措施，尽量缩短周期性亏损的持续时间。

【防亏妙计】 投资周期性行业具有复杂性和不确定性，因而充满了挑战性。可见企业的周期性亏损难以调节和控制，但只要掌握了相关规则，及时调整策略，就可避免企业出现周期性亏损，增加盈利。

8. 不亏损的"三不主义"

巴菲特说："投资第一条是不亏损，第二条是记住第一条。"对任何经营者而言，不亏损是他们经商的目标之一。但如何做到不亏损呢？答案或许可以在世界第三大珠宝品牌宝格丽身上找到。

宝格丽成立 120 年来有着从未亏损过的业绩，这是其他同类企业所不能企及的。近年来，它的发展要归功于现任行政总裁特拉帕尼。他管理下的宝格丽坚持不亏损的"三不主义"。

1）不轻易并购

很多知名企业通过不断并购来壮大企业规模，集团的旗下有很多品牌。宝格丽集团却一直只有宝格丽品牌，特拉帕尼选择了只用一个品牌来扩张产品的路线。

2）不轻易扩张

宝格丽的每一步，都落后别的精品集团很多，2000年宝格丽才进行了100多年来唯一的一次并购，进军中国市场也慢了别人好几步。2003年至今，它只在上海及北京正式开店。宝格丽一切的保守作为，都以不亏钱为原则。

3）不轻易授权

特拉帕尼对于授权的态度，再度印证了他对于扩张方式的挑剔。到目前为止，宝格丽只挑选了一家意大利的顶级眼镜制造商授权，准许该厂商使用宝格丽品牌来生产眼镜。

正是这种"步步为营"的策略，使得宝格丽成立120多年来从未出现过亏损。也许这个"三不主义"能为其他老板实现不亏损指明道路。

【防亏妙计】 不亏损的"三不主义"，看似让企业发展得太慢，却让企业在平稳中逐步壮大，实现了营收与获利。这种宁可慢也要让企业赚钱的经营思路，可以为老板提供指导。

（二）调整战术，扭亏为盈

只要进行投资，不管是高风险的，还是低风险的，都会面对亏损。通过调整战术能够尽可能地减小亏损的范围，弥补损失，有时候甚至可以达到扭转局面的作用。

1. 亏损后重在心理调节

投资者不仅要用一颗平常心来对待亏损，理性梳理亏损、采用信息沟通的方式来平衡自己的情绪也同样可以起到作用。而对于一些心理调节能力较弱的人，著名心理学家张怡筠教授的建议是——不妨适当地"视而不见"，以缓解和释放亏损所造成的压力。

1）要像恋爱一样面对亏损

恋爱的过程与投资的路途异曲同工，其中的甜蜜与温馨正如我们在投资中有所斩获时的喜悦；而那些磕磕绊绊、不解和吵闹与投资所遭遇的亏损有着共通之处。恋爱重在磨合，而相应的，投资者也要经得起考验。

2）要调整心态，坦然面对亏损

投资市场是个对抗性的市场，买卖双方相互是竞争对手，输赢乃常事。心理学家给出诸多专业的建议，帮助投资者在遭遇亏损之后调整好心理，在投资市场中赢得最后的胜利。企业老板可以多看些这方面的书籍。

【防亏妙计】　面对亏损，投资者要善于调整自己的心态，坦然应对。要把挫折当成自己积累经验和教训的机会，从中经受考验，获取更高层次的精神收益，从而实现良好的心理调节。

2. 走出巨亏的心理孤岛

巨额亏损，不仅让企业的经营者在财产上受损，而且让经营者心理上也饱受伤害。那么如何走出心理困境，把亏损的一页翻过去呢？

1）纵横连接走出困境

在心理学上有一个专业的名词叫"信息连接"。首先，可以纵向回想自己以前受到挫折后是如何克服度过的。有了对比，就会感觉现在亏损带来的心理困境也只是一时，相信自己最终也能像之前一样成功克服。其次是进行横向的信息连接。在面对亏损时，人很容易陷入负面情绪，从而形成一个"信息孤岛"。这时如果参照一下别的走出亏损的人，投资者就不会因为没有信息连接而失去判断力，甚至做出极端的行为。

2）视而不见也是一种手段

对于无法控制自己情绪的人，暂时完全隔绝信息，充分了解自己的承受能力，也是一种策略。

3）建设心理再战投资

损失已然发生，对于将来的投资需要从心理上做好准备。

因为心理的承受力和抵抗力通常与心理预期密切相关，所以只要在投资之前，对投资收益的期望值适当调低，对投资风险的评判适当调高，再战投资市场则会更加释然。

只有走出了巨亏的心理阴影，才能对自己继续保持清醒的认识，以作出更加正确的判断，再战投资市场。

【防亏妙计】 在巨亏后，投资者解决心理自责的一个有效手段是让信息连接交流。而对于一些情绪控制能力较差的人，则可以尽量"视而不见"。放眼未来，投资者要作好心理调整。

3. 将损失具体化

有了面对损失应有的心态之后，为了尽快摆脱亏损的心理困境，企业经营者不妨将损失进行一个具体化梳理。

这样的梳理不仅是数字上的，更是心理上的。大部分投资者会发现亏损对自己的实际影响并不大，生活照常，世界依旧，只是心理上的感受和影响远远大于亏损本身。

比如，在遭遇财务危机时，一些投资者会习惯性地冒出"完蛋了，我什么钱都没有了，叫我接下来怎么活呢"这样灾难性的想法，而他的实际情况并没有那么糟。这是因为，人在焦虑中，会惯性地夸大自己的损失。但如果仔细地把财产清单摊开，你会发现，事实上，六个月甚至两年内的生活都没有问题，所以当下感觉"明天就要没饭吃了"的恐慌其实大可不必。

其实，心理反应通常和实际损失紧密相关，一般对小企业的老板而言，损失相当于小小挫折，可能当下情绪会有些失落，但很快就会过去。但投入较大、损失惨重的投资者在心理上出现应激反应的更多，他们可能被打乱了生活作息，睡眠和食欲都不正常，甚至进一步影响了健康。对于这一部分投资者，最好通过专业途径寻求并接纳心理医生的治疗。

【防亏妙计】　面对亏损，投资者要努力让自己静下心来具体分析，因为事实远没有想象中那么糟糕，影响也没有那么严重。如果做不到，则需求助于专业的心理治疗以减轻过激反应。

4. 把亏损控制在可承受范围内

在投资场上，有盈便会有亏，亏损是不可避免的。当亏损出现时，除了在心理上巩固自己的防线，用良好的心态去面对亏损之外，采用积极的手段弥补亏损所造成的损失也是极为重要的。

1）严格止损，避免巨亏产生

出现亏损时，焦虑、不安都是非常正常的心理现象，但对于一个成熟的投资者来说，更重要的是摆脱情绪的困扰，用积极的技术手段将损失控制在一定的范围之内。适时止损便是其中较为关键的战术之一。

2）调整资产配置，提高亏损的"容忍度"

如果说，止损是在亏损出现之后不得不采取的应对之策，那么动态地进行资产配置结构的调整，则是主动减少亏损产生的先见之明。通过阶段性地部署资产分布，能够有效地保住部分胜利果实。当亏损的状况出现时，由于风险资产配置的比例减小，由此产生的亏损也会被锁定在一个可以控制的范围之内。同时，由于前期已经收获了一定的胜利果实，对于投资者来说，可以容忍的亏损范围也就相应放大。

把亏损控制在可承受的范围之内，企业老板就可以在心理上战胜市场，进而直面亏损，解决问题。

【防亏妙计】 投资出现亏损后，投资者须及时地严格止损，以避免巨亏的产生。调整资源配置，能在源头上减少亏损，从而把亏损控制在可承受范围内。

5. 避免亏损无限制地扩大

每位投资者进入资本市场的目的都是为了盈利，但亏损的风险是无法避免的，只有正视风险并控制风险，才能确保交易的稳定收益。

对投资者来说，发现决策错误的时候，唯一的方法就是马上止损。因为做错的时候一味坚持只能导致更大的亏损。止损有哪些方法呢?

趋势止损法。即通过技术分析方法,将上升趋势线、通道或均线系统等作为依据,一旦价格明显跌破,就立即止损。

形态止损法。例如产品价格已初步构筑了一个 W 形的双底反转形态,但当买入后突然跌破支撑,使之前的双底形态被破坏,此时可以立即止损。

支撑与阻力止损法。如对金价来说,1022 美元附近的水平线是一条非常重要的抵抗线。一旦金价有效跌破这个区域的支撑,就说明后市还有很大下行空间,此时可以立即止损。

固定金额或比例止损法。例如某位投资者有 5 万元满仓多单,可以事先设定止损比例为 3%或 5%,一旦亏损超过这个幅度就立即止损。

坚决与果断是止损时必备的素质,并不排除止损会给投资者带来实际的损失,但是出于风险控制的需要,出于对投资的稳健性考虑,止损是一项必需的工作。

【防亏妙计】 当亏损的状况出现时,要把它锁定在一个可以控制的范围之内,避免亏损无限制地扩大,而不是逃避止损。止损会帮经营者把交易的损失降到最低。因此发现做错方向时,最好的选择就是止损。

6. 抢救濒临危机的公司

宝兰公司创立于 1983 年,曾在业界占有一席之地。但是 20 世纪 90 年代初期，因为与微软公司的厮杀，造成公司持续走下坡路。1999 年，宝兰公司以每季度 1 000 万美元的速度持续亏损，在银行仅剩 3000 万美元的现金，员工争先恐后辞职。

公司董事做了最后努力，力邀在计算机界有 20 年经验的夫勒担任公司的 CEO 兼总裁。

面对有如得了绝症的公司，夫勒紧急为公司进行各项"手术"，抢救最后的生机。

上任半年，夫勒开除了 400 名员工，包括 60 名高级主管。

拜访公司的宿敌微软，说服微软以一亿美元买下微软产品中使用的宝兰专利技术，并且买下市值 2500 万美元的宝兰股票。微软为了避免一宗侵权诉讼案，答应了夫勒的要求。

设法让公司节流。当时公司中任何两美元以上的购买行为，都必须经过他的亲自签名同意，以杜绝过去财务把关松散所造成的浪费。

找回公司的优势。他专注于打造具有竞争力的产品，改善公司体制。

让员工专注配合。为破除员工敷衍心态，在员工大会上，他向一千多名员工宣告公司的未来走向，鞭策员工切实执行。

入主公司 9 个月，夫勒用自己的行动挽救了宝兰公司。

【防亏妙计】　当一个公司陷入巨大的危机之中，岌岌可危的时候，仅凭两三项措施是很难挽救局面的。企业老板必须着眼全局，进行全面的抢救。

7. 怎样变危机为商机

世界上任何危机都蕴含着商机，且危机越重商机越大，这是一条颠扑不破的商业真理。

危机常在，而巧渡危机的智慧并不是每个老板都具有的。优秀的企业老板，不但善于应对危机，还能在危机中寻求商机，趁"危"夺"机"。

20世纪90年代，日本发生了大地震。当时，一般人只是从这个事件中看到了商业灾难和危机，而北京的一家公司却从中"悟"出了商机。

地震导致大阪的新日本制铁所完全停产，至少半年才能恢复，而该巨型钢铁厂生产出的优质冷轧薄钢板每年向我国出口至少50万吨。北京的这家公司预感地震必然影响到日本铁制品向我国出口钢材的份额。

公司调集人力财力，买入5000吨优质冷薄钢板。果不其然，一直冷清、频频降价的优质冷薄钢板因货源紧缺，每吨涨了100至400元，使公司一下子赚了近百万元！

危机正是你展现能力的契机，也是考验你能力的关键时刻。所以，在面临危机时，一定要放松心情，冷静应付。要知道，处理结果的好坏，会成为你能否扭转情势的关键。

【防亏妙计】 当危机不可避免地降临时，老板必须想办法渡危机、捕商机。只有这样，才能避免亏损，反败为胜，实现永续经营，让企业获取利润。

8. 反制管理帮你防微杜渐

对企业老板来说，管理就是一场控制性的游戏，如果足够聪明你就会赢，否则就只能听天由命。反制管理，又叫"制度资源管理"或"制度先行管理"。它是为了防止某种经济事态，如企业亏损、经济危机、社会腐败现象的突然产生，或者说为了避免、防止一些社会丑陋、腐败现象的不断产生而创立的管理门类。

在企业发展过程中，会经常发生包括企业亏损在内的一些具有危机性质的现象，之所以会发生上述现象，其实与企业事先没能把与之相关的制度制订、颁布出来，缺乏对资本、经济、社会现象的反制措施、反制程序有着必然的联系。

其实，反制管理是一种变换角度面对企业危机的方式，可以有效帮助企业走出亏损困境，反败为胜。它可以为企业管理中出现的弊端亮起红灯，提示管理者及时弥补经营中的漏洞，起到防微杜渐的作用。

企业老板在面临即将发生或可能将发生的商业危机时，千万不要乱了阵脚，也不要认为制度措施此时已经无法生效。只要老板认真分析事态和危机，及时建立反制管理制度，通过制度先行，就可以把即将到来的经济危机扼杀在萌芽状态，也同样可以从根本上扭转经营中的亏损局面，或使企业在更大的危机到来之前，做好一切巩固与预防措施，最终反败为胜。

【防亏妙计】　当企业面临亏损或经营危机时，老板不要忘记建立反制管理制度，以做到凭借经验防微杜渐，使企业反败为胜，避免企业受到更大的冲击。